mare

Ralf Sotscheck

Mein Irland

mare

Die Deutsche Nationalbibliothek verzeichnet
diese Publikation in der Deutschen Nationalbibliografie;
detaillierte bibliografische Daten sind im Internet
unter http://dnb.ddb.de abrufbar.

2. Auflage 2016
© 2016 by mareverlag, Hamburg

Karte Peter Palm, Berlin
Typografie Farnschläder & Mahlstedt, Hamburg
Schrift Quadraat
Druck und Bindung CPI Clausen & Bosse, Leck
Printed in Germany
ISBN 978-3-86648-227-2

www.mare.de

Für Seán

Vorwort

E s fing mit der Musik an. Es war 1970, ich ging noch zur
Schule. Freunde von mir spielten in Berliner Folkclubs
irische Balladen, und mir gefielen diese Melodien. Die Trink-
lieder verstand ich auf Anhieb, die »Rebel Songs« brachten
mich dazu, mich mit irischer Geschichte und Politik zu be-
schäftigen. Irgendwann wollte ich dieses »sommerspros-
sige, trinkfeste und rauflustige Volk«, wie es in so manchem
Reiseführer genannt wurde, persönlich kennenlernen.

Deutsche, so las ich, waren in Irland willkommen. Schließlich hatten sie gegen die verhassten Engländer gekämpft.
Die Iren wiederum hatten in Deutschland den Ruf, bemitlei-
denswert arm zu sein, ihre wenige Habe zu vertrinken und
dabei melancholische Lieder zu singen. Das lag nicht zuletzt
an Heinrich Böll, der mit seinem *Irischen Tagebuch* eine ganze
Generation deutscher Irland-Touristen prägte. Das Irland,
das er beschreibt, gab es allerdings schon damals, Ende der
Fünfzigerjahre, nicht so ganz. Vieles hat Böll erfunden, und
das ist ja auch in Ordnung, schließlich war er Schriftsteller und kein Zeitungskorrespondent. Auch ich hatte das *Irische Tagebuch* im Gepäck, als ich dann, 1974, erstmals nach Ir-

7

land reiste. Damals wunderte ich mich noch über Bölls Entgegnung auf die Frage eines Einheimischen, ob er die Iren für ein glückliches Volk halte. Der Schriftsteller antwortete, sie seien sicher glücklicher, als sie wüssten. »Und wenn ihr wüsstet, wie glücklich ihr seid, würdet ihr schon einen Grund finden, unglücklich zu sein. Ihr habt viele Gründe, unglücklich zu sein, aber ihr liebt auch die Poesie des Unglücks.« Erst im Lauf der Jahre kam ich zu der Einsicht, dass er mit dieser Einschätzung gar nicht so falschgelegen hatte.

Mir gefiel das Land bei meinem ersten kurzen Urlaub auf Anhieb, sodass ich im nächsten Sommer wiederkehrte, diesmal in Begleitung eines Freundes und für ganze sechs Wochen. Wir kamen gerade rechtzeitig nach Listowel im Südwesten der Insel, um das Fleadh Cheoil zu erleben, das größte irische Musikfestival auf Erden, das jedes Jahr von einem anderen Ort ausgerichtet wird. Bei dem Festival geht es nicht nur um Unterhaltung, es hat auch einen ernsthaften Aspekt, denn die Sänger und Musiker konkurrieren dabei in verschiedenen Disziplinen um die irische Meisterschaft. Die Punktrichter, die sich acht Stunden lang Dudelsackmusik anhören müssen, sind freilich nicht zu beneiden. Zwar ist der irische Dudelsack mein Lieblingsinstrument, er klingt weicher und harmonischer als sein schottischer Verwandter, aber man muss ja nicht übertreiben.

Irgendwann war das Festival zu Ende, und wir begannen, uns Gedanken um den weiteren Verlauf unserer Reiseroute zu machen. Zwei Straßenmusiker, mit denen wir uns angefreundet hatten, gaben uns den Tipp, dass in Lisdoonvarna in der Grafschaft Clare ein weiteres Festival stattfinde. Einer der Musiker nuschelte noch etwas, das wie »verlängerte Kneipenöffnungszeiten« klang, und mehr mussten wir nicht wissen. Ich ahnte zu diesem Zeitpunkt nicht, welch erheblichen Einfluss dieser lapidare Satz auf meine Zukunft und meine Beziehung zur Grünen Insel und zu ihren Bewohnern haben würde.

Die Musiker hatten uns die Roadside Tavern empfohlen, einen Pub in der Nähe des Marktplatzes. In Lisdoonvarna angekommen, suchten wir die Taverne gleich am ersten Abend auf. Der Raum war brechend voll, und so setzten wir uns an einen Tisch zu einem alten Mann und zwei jungen Mädchen, offenbar seine Enkelinnen. Nach einer Weile erhob sich der Alte und begann, lautstark von seinem Bauernhof zu reden: Er habe zwanzig Kühe und eine elektrische Melkmaschine, begann er seine Ausführungen. Während er fortfuhr, seinen Hof anzupreisen, erkundigten wir uns möglichst unauffällig bei den Tischnachbarn, was es mit der merkwürdigen Situation auf sich habe. »Matchmaking festival«, antwortete jemand. Wir waren auf einem Heiratsmarkt gelandet.

Lisdoonvarna ist der einzige Kurort der Grünen Insel, die Heilquelle am Ende des Ortes enthält Schwefel, Magnesium, Eisen und Jod. Schon im 19. Jahrhundert kamen die reichen Landbesitzer im September, wenn das Heu eingebracht und das Korn geschnitten war, hierher und brachten ihre ganze Familie mit. Während die alten Leute zur Heilung in die Bäder gingen, veranstalteten die jüngeren Familienmitglieder Tänze, um sich die Zeit zu vertreiben, und daraus entwickelte sich der Heiratsmarkt. Der »Tangler« sorgte für die Eheanbahnung. Einst war er nur für den Rinderhandel zuständig gewesen, doch dann dehnte er seinen Geschäftsbereich aus.

Uns stand der Sinn bei unserem Pubbesuch 1975 jedoch ganz und gar nicht nach Hochzeit. Wir verdrückten uns mit

9

einer entschuldigenden Geste in eine Ecke des Wirtshauses und beobachteten das Treiben. Dort entwickelte sich ein Gespräch mit zwei Irinnen, die wegen Musik und Tanz aus Dublin angereist waren und an der Eheanbahnungskomponente der Veranstaltung genauso wenig Interesse hatten wie wir. Áine und ich kamen uns im Laufe des Abends näher. And the rest is history, wie man im Englischen sagt.

Kaum war ich zurück in Berlin, bewarb ich mich beim Pädagogischen Austauschdienst für eine Stelle als Assistenzlehrer. Da es damals kein Abkommen zwischen der Bundesrepublik Deutschland und der Republik Irland gab, blieb nur Nordirland. Ich wollte eine Stelle in Süd-Armagh, weil es Dublin – und der Liebsten – am nächsten lag, doch man bot mir einen Posten an einer protestantischen Schule in Lisburn bei Belfast an. Mein Direktor, ein unionistischer Stadtverordneter, der später Bürgermeister wurde, hielt mich für verrückt, denn er hatte meine Bewerbung gelesen. Ob ich nicht wisse, dass in Süd-Armagh die Irisch-Republikanische Armee herrsche?

Ich sagte ihm nicht, dass ich an den Wochenenden stets nach Dublin fuhr und bei einem IRA-Veteranen übernachtete. Mein künftiger Schwiegervater hatte nämlich mit zwei anderen Männern zu Weihnachten 1940 den größten Munitionsraub in der irischen Geschichte begangen und wurde dafür zu einer langen Gefängnisstrafe verurteilt. Ich wusste zu dieser Zeit aber nicht, dass er immer noch aktiv war. 1973 waren der IRA-Kommandant Seamus Twomey und zwei weitere IRA-Mitglieder mit einem gekaperten Hubschrauber aus dem Mountjoy-Gefängnis in Dublin befreit worden. Erst viel später, Áine und ich waren schon verheiratet, erfuhr ich, dass mein Schwiegervater an der Organisation der Gefangenenbefreiung beteiligt gewesen war und zwei der Entflohenen in einem von ihm gemieteten Haus versteckt hatte, wo sie Ende 1977 verhaftet wurden. Auch mein Schwiegervater wurde festgenommen, doch man konnte ihm nichts nachweisen und musste ihn schon nach kurzer Zeit wieder freilassen.

Zu dem Zeitpunkt war meine Zeit als Assistenzlehrer bereits vorbei, und Áine und ich waren nach Berlin gezogen, weil ich mein Studium beenden wollte, was mir auch gelang. Aber es gab damals keine Jobs für Wirtschaftspädagogen. So arbeitete ich zunächst als Lastwagenfahrer – eine Arbeit, die mir zwar Spaß machte, der ich aber sicher nicht bis zur Pensionierung nachzugehen gedachte. Deshalb beschlossen wir 1985, auf gut Glück nach Dublin zu ziehen. Der offensichtliche Vorteil an einem Leben in Irland war, dass wir dort keine Miete zahlen mussten, denn wir kamen mit unseren beiden Kindern erst einmal im Haus der Schwiegereltern unter.

Ein weiterer Vorteil ergab sich vor Ort. Da Áine recht schnell eine Stelle als Grundschullehrerin fand, konnte ich mir den Luxus erlauben, es mit dem Journalismus zu versuchen. Und noch ein anderer Umstand erleichterte es mir, diesen Wunsch in die Tat umzusetzen: In Irland geht es wegen der Größe des Landes viel familiärer zu als in manch anderem Land. So lernte ich in meinen ersten Dubliner Jahren den einen oder anderen interessanten Menschen kennen, ohne mich auch nur vor die Tür, geschweige denn auf eine Recherchereise oder zu einem Interviewtermin begeben zu müssen.

Wir wohnten zum Beispiel im Wahlkreis von Bertie Ahern, der elf Jahre lang Premierminister war. Da wir auch dieselbe Stammkneipe hatten und im selben Supermarkt einkauften, liefen wir uns oft über den Weg. Zu Wahlkampfzeiten klingelte er an den Haustüren in seinem Wahlkreis, denn in Irland gibt es keine Listenwahl. Auch der Premierminister muss Klinken putzen, damit er direkt gewählt wird. Einmal hatte ich Besuch aus Deutschland, als Ahern vor der Tür stand. Wer das denn gewesen sei, wollte der Besuch wissen. Der Premierminister, antwortete ich und erntete nur ungläubiges Gelächter.

Meine Frau arbeitete an einer überkonfessionellen Schule, die von Eltern gegründet worden war, aber staatlich anerkannt wurde. Eine der Gründerinnen wurde später Ministerin, eine andere stellvertretende Premierministerin, eine dritte Gewerkschaftspräsidentin, und einer der Gründer war damals schon ein berühmter politischer Künstler. Solche Kontakte erleichtern einem die Arbeit als Journalist ungemein – und haben nebenbei auch zu einigen Begegnungen geführt, von denen in diesem Buch noch zu lesen sein wird.

In den gut dreißig Jahren seit unserem Umzug nach Dublin hat Irland eine rasante Entwicklung durchgemacht. Als wir aus Berlin in Áines Heimat zurückkehrten, wurde dort viel improvisiert, vieles ging schief, und selbst in der Hauptstadt hatte man manchmal das Gefühl, in der tiefsten Provinz zu leben. Als ich eines Abends bis Sendeschluss – so etwas gab es damals noch – vor dem Fernseher saß, verabschiedete sich die Ansagerin mit den Worten: »Noch ein Blick auf die Uhr: Es ist null Uhr zwanzig, zwanzig Minuten nach Mitternacht.« Die eingeblendete Uhr zeigte Viertel vor vier.

Anfang der Neunzigerjahre setzte ein Wirtschaftsboom ein, der Irland vorübergehend zu einem der reichsten Länder

der Welt machte. Doch dann platzte die Immobilienblase, auf der der Boom basierte. Weil die Regierung eine Bankengarantie ausgesprochen hatte, musste die Insel von der Europäischen Union, der Europäischen Zentralbank und dem Internationalen Währungsfonds gerettet werden. Die Schulden aus dieser Zeit werden meine Enkel noch abzahlen.

Was sich aber in all den Jahren nicht verändert hat, ist die Freundlichkeit der Iren. Ein Volk, das in seiner Sprache dem Besucher ein »céad míle fáilte« – ein hunderttausendfaches Willkommen – entbietet, kann nicht anders als gastfreundlich und herzlich sein. Dieser Satz steht in großen Buchstaben am Dubliner Flughafen und entspricht der Erfahrung, die ich als Zugezogener in Irland von Beginn an gemacht habe. Deshalb gibt es auf der Insel auch keine ausländerfeindlichen Parteien, sie hätten keine Chance. Schließlich lautet ein irischer Segensspruch: »Nimm dir Zeit, freundlich zu sein, es ist der Weg zum Glück.«

In diesem Buch werden wir uns auf eine Rundreise durch das Irland begeben, das mich so freundlich empfangen hat. Dabei bewegen wir uns hauptsächlich an der Küste entlang – mit ein paar Abstechern ins Landesinnere, das zwar auch seine Reize hat, aber es sind die Landstriche am Meer, die das Besondere Irlands ausmachen. Die Auswahl ist subjektiv, es hätte Dutzende Alternativen gegeben, über die es sich ebenso zu berichten gelohnt hätte, und so mancher wird vielleicht seine Lieblingsregion vermissen, doch für mich ist die gewählte Route eine persönliche voller Erinnerungen und Begegnungen.

Wie lang die Küste ist, weiß man nicht. Die Angaben schwanken zwischen 2800 und 7500 Kilometern. Es kommt auf den Maßstab an: Je kleiner er ist, desto länger ist die Küstenlinie, weil jede kleine Bucht gemessen wird. Halten wir uns an die amtliche Landesvermessung. Sie gibt eine Länge von 3171 Kilometern an. Wir beginnen unsere Rundreise bei einem Künstler, der sein Atelier an der Dubliner Bucht hat.

Boomtown und
Exodus

D ie beiden kleinen Gasöfen kämpfen vergeblich gegen
die Kälte an. Sie sind die einzige Heizquelle in dem
großen Atelier an der Dubliner Bucht im Norden der irischen
Hauptstadt. Brian McCarthy hat sich einen dicken Wollpullover angezogen, ich behalte meine gefütterte Jacke an. Auf
einer Staffelei lehnt ein Ölgemälde, an dem McCarthy gerade arbeitet. Es zeigt John F. Kennedy, der vor der US-Fahne
am Rednerpult steht. »Eine Auftragsarbeit«, erklärt mir Mc-
Carthy, der 1960 in Dublin geboren wurde und sein ganzes
Leben in der Stadt verbracht hat. Nur einmal verschlug es
ihn für sechs Monate nach Australien. »Meine Freundin und
ich erwogen in den Achtzigerjahren, dorthin auszuwandern,
aber nach einem halben Jahr kehrten wir nach Dublin zurück.« Inzwischen sind die beiden längst verheiratet und haben zwei erwachsene Kinder, und McCarthy versucht seit
fünfundzwanzig Jahren, von seiner Kunst zu leben. Nebenbei unterrichtet er, doch wenn das Geschäft gut läuft, redu-
ziert er seine Unterrichtsstunden. Einmal, 1996, lief es aus-
gezeichnet. Das war, nachdem der ehemalige Premierminister Charles Haughey, der später der Korruption überführt

wurde, McCarthys Ausstellung »Maskerade« eröffnet hatte. »Es war bizarr«, erzählt er mir. »Meine Agentin kannte die Geliebte von Haughey und kontaktierte sie. Die Dame verlangte eins meiner Bilder, Haughey bekam die gewünschte Sorte teurer Schokolade und teuren Wein, und dann eröffnete er die Ausstellung. Er sprach über mich, obwohl er weder mich noch eins meiner Bilder je gesehen hatte. Aber die Presse berichtete darüber.« Sämtliche Gemälde wurden verkauft.

Ende der Siebzigerjahre hatte McCarthy die Kunstakademie besucht, war aber enttäuscht, weil man den Studenten so wenig technische Fähigkeiten beibrachte. So wurde er Autodidakt und lernte, wie so viele Künstler, bei Museums- und Galeriebesuchen von anderen, besseren Lehrern – den alten Meistern.

Auf den bedenklich durchgebogenen Regalbrettern neben seinem Schreibtisch stehen dicke Kunstbände, davor ein Radio und ein kleiner, elektrischer Heizlüfter, der aber nicht eingeschaltet ist, weil er ohnehin nichts ausrichten könnte. Auf dem obersten Brett liegen bunte Clownsmasken und ein Handy der ersten Generation, das fast ebenso groß ist wie der Heizlüfter. Auf dem Schreibtisch stehen zwei volle Aschenbecher. »Ich rauche, seit ich zehn bin«, sagt McCarthy und bietet mir eine Zigarette an.

Er arbeitet ausschließlich mit Ölfarben und produziert etwa fünfundzwanzig Bilder im Jahr. Zunächst war es »dekorative Kunst«, wie er es nennt, ohne besonderen Bezug zu Irland. Viele der Gemälde, die er nicht verkaufen konnte, hängen an der langen Atelierwand. Doch mitten im Raum steht ein Tapeziertisch, auf dem die Drucke seiner neuen Arbeiten ausgelegt sind.

»Boomtown« heißt das erste Bild der aktuellen Serie. »Es ist kein bestimmter Ort, aber natürlich ist es Irland«, sagt er. »Das sieht man an den irischen Flaggen, die vor den Häusern hängen. Im Hintergrund ragt der von Pieter Bruegel inspirierte Turm von Babel auf. Der steht für die Bauindustrie. Das Bild ist ein Kommentar über den Zustand von Irland und den Bauboom, der uns das alles eingebrockt hat.«

Das nächste Gemälde, »Exodus«, thematisiert die Emigration junger Iren, die als Folge der Wirtschaftskrise zu Scharen das Land verlassen: ein kleines Boot mit einem Kleeblatt, dem irischen Nationalsymbol, am Heck, das auf einen hell leuchtenden Horizont zusteuert. Die Passagiere tragen irische Fußballtrikots, im Hintergrund zeichnen sich bedrohliche Berge ab, die es zu umschiffen gilt. »Die Idee kam mir, als ich Fotos von den vietnamesischen Boatpeople sah, die für ein besseres Leben in See stechen mussten«, erzählt mir McCarthy. Zwei weitere Gemälde befassen sich mit dem Niedergang der Grünen Insel, aber auch mit der Hoffnung auf Widerstand.

Die Bilder sind völlig anders als alles, was McCarthy zuvor gemalt hatte. Als ich ihn frage, was ihn zu dieser Veränderung bewogen hat, erzählt er mir von den Radiosendungen mit Hörerbeteiligung, denen er jeden Morgen lauscht. »Diese Wut der Anrufer! Die war für mich der Anlass für die Bilder.« Die Leute scheinen sich mit den Gefühlen zu identifizieren, die er nun mit seinen Werken zum Ausdruck bringt: »Mir wird kotzübel, wenn ich sehe, was in den oberen Etagen unserer Gesellschaft vor sich geht.« Meinen vorsichtigen Vergleich mit der Eröffnung seiner Ausstellung durch Haughey weist er von sich. Es sei seine Agentin gewesen, die den Premierminister bestochen habe, er selbst habe dabei ein ungutes Gefühl gehabt.

McCarthy geht ernste Themen satirisch an, was auch Kritiker auf den Plan gerufen hat. Nicht alle mögen es, dass die Iren als Bewohner einer Shanty Town oder als Boatpeople dargestellt werden. Doch die meisten reagierten auf seine Ausstellung in der Dubliner Keeling-Galerie – es war erst seine zweite Solo-Ausstellung – überaus positiv. Die *Washington Post* berichtete darüber, viele irische Webseiten ebenfalls, und weil die von irischen Emigranten gelesen werden, meldeten sich Menschen aus der ganzen Welt. Die Ölgemälde waren im Handumdrehen verkauft, und auch McCarthys Drucke sind inzwischen sehr nachgefragt.

»Das irische Kunstestablishment weiß, dass die Künstler die Situation interpretieren müssen«, sagt McCarthy. Er beschwört die Iren, sich ihre Kreativität und Energie zunutze zu machen und Politiker sowie Bankiers an den Pranger zu stellen. »Das Schöne an Irland ist, dass wir vier Nobelpreisträger für Literatur hervorgebracht haben, aber keinen einzigen für Wirtschaft«, witzelt er und wird dann wieder ernst. »Optimismus ist wie Kreativität Teil der kulturellen DNA der Iren, und die Krise wird daran nichts ändern.« Zum Abschied schenkt er mir einen Druck: »Boomtown« hängt seitdem in meinem Arbeitszimmer.

Willkommen
im O'Bama-Land

Die Strecke südlich von Dublin hat durchaus ihre Reize: die Wicklow Mountains zum Beispiel, die japanischen Gärten oder die Klosteranlage von Glendalough. Das Fremdenverkehrsamt vermarktet die Gegend neuerdings unter dem Namen »Ireland's Ancient East«, denn die Ostküste wird von Touristen oft vernachlässigt. Allen Marketingstrategien zum Trotz werde auch ich an dieser Stelle ein Stück der Küste unbeachtet lassen und einen Abstecher ins Landesinnere machen, nach Moneygall, denn von dort stammt ein Auswanderer mit nicht ganz unbekannten Nachfahren.

Moneygall? Der Name kam mir erstmals während des US-amerikanischen Wahlkampfes 2008 zu Ohren. Als ich auf der Landkarte nachschaute, stellte ich fest, dass ich bereits Dutzende Male durch den Ort gefahren war, denn er liegt in der Grafschaft Offaly direkt an der alten Nationalstraße N7 von Dublin nach Limerick. Bisher hatte ich nie einen Anlass gesehen, dort anzuhalten, doch als ich Moneygall das nächste Mal passiere, treibt mich die Neugier, und ich parke meinen Wagen und steige aus.

Auf der Straße, der einzigen im Dorf, ist kein Mensch zu sehen, denn man hat eine Autobahn gebaut, um die N7 zu entlasten, und der Verkehr fließt nun an Moneygall vorbei. Es ist kalt, obwohl die Sonne scheint. An den drei Zapfsäulen am Straßenrand hat schon lange niemand mehr getankt, sie sind verrostet, die Schläuche sind abgeschnitten. Nur die Fußgängerampel ist modern, und das war wohl auch nötig, bevor es die Autobahn gab.

Im Dorfzentrum hängt an einem Torbogen, der zu Pferdestallungen führt, ein grünes Schild mit gelber Schrift: »Papillon, Gewinner des Grand National in Aintree«. Der Hengst, der im Jahr 2000 als großer Außenseiter eins der berühmtesten Rennen der Welt gewann, hat Moneygall zumindest unter Pferdenarren bekannt gemacht. Da ich mich nicht für diese Tiere interessiere, kannte ich weder Papillon noch Moneygall. Nun ist das Dorf mit seinen dreihundert Einwohnern international berühmt – als Herkunftsort des ehemaligen US-Präsidenten.

»Es fing mit einer E-Mail an«, erzählt mir Stephen Neill, der protestantische Pfarrer, der für die Gegend zuständig ist, als ich ihn aufsuche, um mehr über diese Geschichte zu erfahren. »Der Genealoge Kyle Betit aus den USA bat mich um Hilfe, aber weil ich ständig solche Anfragen bekomme, ignorierte ich die Mail zunächst.« Doch Betit war hartnäckig und rief Neill an. Als der erfuhr, dass es um eine Ahnenforschung zu Barack Obama ging, wurde er hellhörig. Er durchstöberte wochenlang Kirchendokumente und stieß schließlich auf einen Mann namens Fulmuth – bisweilen auch Falmouth geschrieben – Kearney.

»Dieser Kearney ist in Moneygall aufgewachsen«, erklärt Neill mir die nicht ganz unkomplizierten Verhältnisse. »Sein Vater war Schuhmacher. Mitte des 19. Jahrhunderts herrschte in Irland eine furchtbare Hungersnot. So wanderte Fulmuth am 20. März 1850 an Bord der S. S. Marmion nach Amerika aus, er war damals neunzehn. Er ließ sich in Ohio nieder und hatte mit seiner Frau acht Kinder. Eine der Töchter, Mary Ann, heiratete 1890 in Kansas einen Mann namens Jacob Dunham. Der Sohn der beiden, Ralph Dunham, hatte wieder einen Sohn, Stanley Dunham, der wiederum eine Tochter hatte: Ann Dunham. Und die heiratete einen Kenianer, der in Hawaii studierte und Barack Obama Senior hieß. Deren Sohn, der US-Präsident, ist also der Ururur-enkel von Fulmuth Kearney aus Moneygall.« Nun nennen sie ihn in Irland O'Bama.

Pfarrer Neill hatte Glück bei seiner Ahnenforschung, denn viele Gemeinden haben im Laufe der Jahrhunderte ihre Unterlagen verloren, und beim Brand im Dubliner Gerichtshof gingen 1922 viele Dokumente in Flammen auf. Doch Neill entdeckte die Unterlagen von Obamas Vorfahren schließlich in einer Kirche in Templeharry, einem Nachbarort von Moneygall, wo sein Urgroßvater Pfarrer war. Er faxte sie sofort an Obamas Wahlkampfteam, und als der Präsident auf Staatsbesuch nach Irland kam, machte er auch eine Stippvisite in Moneygall und trank im Pub ein Guinness.

Dabei ist Obama nicht der einzige US-Präsident irischer Herkunft. Noch zwanzig seiner Vorgänger haben irische Wurzeln, von Washington und Jackson über Roosevelt und Kennedy bis hin zu Nixon, Reagan, Clinton und den Bushs. Kennedy war der Erste, der aus seinen Ahnen Kapital schlagen wollte. Bei seiner Irlandreise 1963, mit der er sich die Wählerstimmen der US-Iren zu sichern hoffte, war fast die gesamte Bevölkerung auf der Straße und jubelte ihm zu.

»Ein US-Präsident kommt sogar regelmäßig in unsere Gegend«, erzählt mir Neill und lacht. »Josiah Bartlet besucht jedes Jahr Borrisokane, das auch zu meiner Gemeinde gehört. In Wirklichkeit heißt er Martin Sheen. Er hat den US-Präsidenten im Film *West Wing* gespielt. Seine Mutter lebt in Borrisokane.«

Dem echten Präsidenten bereiteten die Dörfler bei seinem Besuch in Moneygall einen großen Empfang. Neben den Ortsschildern an beiden Enden des Dorfes brachten sie Hinweistafeln an: »Willkommen im O'Bama-Land«.

Die beiden Kneipen im Ort, J. Hayes' Bar und Ollie Hayes, gehören Mitgliedern derselben Familie. Bei Ollie Hayes tritt regelmäßig die Band der Brüder Corrigan auf, »Hardy Drew and the Nancy Boys« aus Limerick, und die konnte aus der Verbindung zu dem berühmten Amerikaner tatsächlich Kapital schlagen: Mit ihrem Lied *There's No One As Irish As Barack O'Bama* hat sie einen Hit gelandet, den sie sogar zu Obamas Amtseinführungsfeier in Washington vortragen durfte.

Henry Healey, ein anderer Bewohner Moneygalls, ist um mehrere Ecken mit Obama verwandt. »Er ist mein entfernter Cousin«, erklärt mir der 24-Jährige, ein dünner Mann mit kurzen Haaren und langen Koteletten, und man hört den Stolz in seiner Stimme. Healey glaubt, dass die Verbindung mit Obama den Tourismus in Moneygall ankurbeln könnte, wodurch sich auch die Infrastruktur verbessern würde. »Wir haben ja nicht mal ein Café für die Touristen«, sagt er, »von einem Supermarkt ganz zu schweigen. Die Leute müssen zum Einkaufen in die Stadt.«

Immerhin gibt es fünf kleine Geschäfte, in denen man Grundnahrungsmittel bekommt. Eins davon liegt schräg gegenüber von Ollie Hayes' Pub, und ich statte dem Laden, der ebenfalls Hayes heißt, einen Besuch ab. Die Zeit scheint hier in den Fünfzigerjahren stehen geblieben zu sein. Auf ein paar Regalen gibt es einige Pappkartons mit Süßigkeiten, hinter dem Tresen liegen Schulutensilien neben Brot und Tomaten, daneben eine Truhe mit Eiscreme. Der alte Ladenbesitzer George Hayes erzählt mir, dass seine Nachbarin zunächst für Hilary Clinton gewesen sei, wie viele Frauen im Ort. »Aber seit die Verbindung mit Moneygall herausgekommen ist, stehen wir geschlossen hinter Obama.«

Etwas entfernt vom Laden, kurz vor der Fußgängerampel, ist an der Giebelwand eines recht hässlichen blassgelben Hauses ein deutsches Straßenschild angebracht: »Schongauerstr.« steht darauf in weißer Schrift auf blauem Grund. Ich habe es im Vorbeigehen bemerkt und erkundige mich bei Hayes, was es zu bedeuten hat. Von der Antwort hatte ich mir eine etwas interessantere Geschichte erhofft. »Der Bruder des Hausbesitzers lebt in Deutschland«, sagt er. »Er hat ihm das Schild mitgebracht.«

Gegenüber liegt ein Haus, das von der Straße etwas zurückgebaut ist. Lediglich die nachträglich eingesetzten Fenster, die dem gotischen Stil nachempfunden sind, weisen darauf hin, dass es sich um einen religiösen Bau handelt. Was es damit auf sich hat, erklärt mir Pfarrer Neill, als ich ihn zu den Besonderheiten des Örtchens befrage. Es sei eine »Chapel of Ease«, eine Art Tochterkirche. Sie dient denjenigen als Gebetshaus, denen die nächste protestantische Kirche zu weit entfernt ist, denn davon gibt es auf dem Land nur wenige. Achtundachtzig Prozent der Iren sind katholisch, und gerade mal ein Prozent ist schwarz. »Deshalb ist auch Obamas irisch-anglikanische Verbindung recht ungewöhnlich«, sagt Neill. Früher, zu Fulmuth Kearneys Zeiten, diente die Hilfskirche noch als Schule. »Fulmuth ist dort eingeschult worden«, erzählt Neill mir zum Abschied. »So viele irische Auswanderer sind in Amerika unter die Räder gekommen. Es ist deshalb besonders schön, dass einer wie Obama es zu etwas gebracht hat.«

Ich laufe wieder zu meinem Wagen, passiere das Ortsschild von Moneygall und frage mich dabei, ob Henry Healeys Hoffnung, Obama werde den Tourismus in diesem kleinen Ort in den Midlands ankurbeln, wohl jemals in Erfüllung geht. Die Zeit wird es zeigen, und wir setzen unsere Rundreise fort, kehren zurück an die Küste und fahren in den Südosten – nach Shanagarry.

Fleischer soll man
nicht sehen

Vegetarier sind zum Glück nicht im Raum, als Philip Dennhardt eine Schweinehälfte hineinschleppt und auf den Tresen legt. Zuerst demonstriert er, wie man ein Messer richtig wetzt, dann macht er sich damit an dem Tier zu schaffen, trennt in Windeseile Bein, Schulter, Lende und Bauch ab. Für die Knochen benutzt er eine Säge. Über dem Tresen sind schräg gestellte Spiegel angebracht, damit man ihm auf die Finger schauen kann. Für Nahaufnahmen gibt es eine Kamera, die das Bild auf einen Monitor überträgt.

Um mich herum machen sich die meisten Zuschauer eifrig Notizen, denn sie haben viel Geld für den Schlachterkurs in der Kochschule Ballymaloe im Osten der irischen Grafschaft Cork bezahlt. Die Schule ist weit über Irlands Grenzen hinaus bekannt, sie wurde 1983 von der Fernsehköchin und Buchautorin Darina Allen gegründet. Ballymaloe bedeutet »Ort des süßen Honigs«, neben der Kochschule gibt es einen vierzig Hektar großen Biobauernhof und das Restaurant Ballymaloe House, das zum Teil aus dem 15. Jahrhundert stammt. Hier hat bereits Marlon Brando gespeist, und jedes Jahr im Mai findet ein kulinarisches Literaturfestival mit Besuchern aus aller Welt statt.

Neben den Tageskursen kann man in der Kochschule auch einen zwölfwöchigen Intensivkurs belegen. Der kostet fast elftausend Euro, Kost und Logis inbegriffen, dafür kann man sicher sein, mit dem Abschlusszeugnis in der Tasche einen Job zu finden. Die meisten Teilnehmer an diesem Tageskurs haben aber bereits Jobs, mit mir gemeinsam schaut ein recht buntes Völkchen gebannt auf Dennhardts Finger: zwei Brüder, deren Vater einen Bauernhof hat, der Sohn eines Restaurantbesitzers, ein Tourist aus den USA, der die Wurstherstellung als Hobby betreiben will, und an diesem Tag nur eine einzige Frau, die etwas über die verschiedenen Fleischsorten lernen möchte.

Ich habe Glück, denn Dennhardt hat einen Artikel von mir gelesen und mich daraufhin zum Schlachterkurs eingeladen. Zwar koche ich gerne, aber bisher hatte ich mich nie dafür interessiert, wie man ein Tier zerlegt und was man mit den einzelnen Teilen anfangen kann. In der Auslage im Fleischerladen sieht man nicht, welche Arbeiten erledigt werden mussten, bevor die Produkte appetitlich auf glänzenden Tabletts angeboten werden.

Dennhardt ist ein Hüne mit dichten Locken, die unter seiner Kochmütze hervorquellen. Er stammt aus Ludwigsburg bei Stuttgart, wo schon sein Großvater und sein Urgroßvater Metzger waren. Doch sein Vater verkaufte die Familienmetzgerei, und Dennhardt ging in einer Bank in die Lehre. »Es war unendlich langweilig«, erzählt er mir, als wir nach dem Kurs noch ein bisschen zusammensitzen. Also brach er seine Lehre ab und machte stattdessen seinen Meister als Fleischer in Hamburg mit Abschlussnote Eins und der Verleihung des »Ehrenstahls« als Innungsbester. »Es waren nur zwei weitere Teilnehmer aus Familienbetrieben im Kurs«, räumt er ein. »Und die anderen hatten keine Ahnung vom Ausbeinen oder von der Wurstherstellung.« Nach seinem Abschluss bekam er ein Angebot eines deutschen Fleischers aus New York. »Ich habe mich nicht sonderlich gut mit ihm verstanden«, erzählt Dennhardt, »aber immerhin habe ich in New York meine Frau kennengelernt.« Emily ist die Tochter von Darina Allen. Dennhardt heiratete in die berühmte Kochschule ein.

Als er nach Ballymaloe kam, verriet er zunächst nichts von seiner Ausbildung. Nachdem man glaubte, ihm ein paar Grundregeln des Schlachterhandwerks beigebracht zu haben, verblüffte er seine Lehrer, indem er ein ganzes Schwein mit der Präzision eines Chirurgen zerlegte. Doch Dennhardt blieb nicht nur wegen seines Talents in Ballymaloe, sondern auch, weil er sich in die Gegend verliebt hatte. »Das Klima ist toll, das Meer liegt vor der Tür, und der organische Garten ist einmalig«, schwärmt er uns Kursteilnehmern vor.

In der Pause können wir uns davon überzeugen. Der sogenannte Farm Walk, auf dem wir uns ein wenig die Füße vertreten, führt vorbei an einer Trauerweide, die wie eine Skulptur eines liegenden Drachen aussieht, zu den biologisch bewirtschafteten Feldern, auf denen Kartoffeln, Rhabarber, Kohl, Erdbeeren und Rüben wachsen. In den Gewächshäusern geht es exotischer zu. Hier gedeihen Auberginen, mediterrane Kräuter, Wein, Granatäpfel, Kiwis und Feigen.

Rechts von den Gewächshäusern leben die Tiere: Jersey-Kühe, die Milch für die Käse- und Joghurtproduktion liefern, vierhundert Hühner sowie Schweine von seltenen Rassen – Gloucester Old Spots mit pigmentiertem Fleisch, grauschwarze Saddlebacks mit einem charakteristischen weißen Band über den Schulterblättern, schwarze Berkshires, eine der ältesten Edelschweinrassen, und rotbraune Tamworths, die wegen ihrer Farbe auch Mahagonischweine genannt werden. Dazwischen tollen Ferkel, die noch nicht ahnen, dass sie später einmal auf Dennhardts Tresen landen werden.

Aus dem biologisch angebauten Obst und Gemüse werden auch Saucen und Sauerkonserven hergestellt, die inzwischen sogar in US-Supermärkten erhältlich sind. Weil die Amis aber wenig mit dem Begriff »Tomato Relish« anfangen können, vermarkten die Allens die Tomatensauce dort als »Gourmet-Ketchup«.

Zum Lunch wird uns selbst gemachte Pizza serviert, die besser ist als in den meisten italienischen Restaurants. Dennhardt begann mit dem Pizzabacken, nachdem sich die Kochschule 2008 einen holzbefeuerten Pizzaofen von Valoriani in Italien besorgt hatte. Er ging extra nach Kalifornien, um sich bei Pizzaiolo Oakland, dem berühmtesten Pizza-Tempel in den USA, in die Kunst des Pizzabackens einführen zu lassen. Inzwischen ist in Ballymaloe jeden Samstag Pizzatag, und der Ofen wird schon um sieben Uhr morgens befeuert, damit er mittags die richtige Temperatur hat. Dann ist eine Pizza schon binnen anderthalb Minuten fertig. Man kann die Pizzen aus Dennhardts Ofen sogar tiefgefroren in mehreren lokalen Supermärkten kaufen. So einfach will ich es mir nicht machen. Weil die Pizza hervorragend ist, nehme ich mir vor, das Pizzabacken irgendwann selbst zu lernen – natürlich in einem Kurs bei Dennhardt.

Heute steht aber das Schwein auf dem Programm. Nach der Pause werden die Reste vom Tier verwurstet. »Es ist vollkommen logisch, Wurst zu machen«, erklärt uns Dennhardt,

»denn ein frisch geschlachtetes Tier verdirbt, wenn man es zu lange lagert. Kein Wunder also, dass schon die Sumerer und Chinesen vor Tausenden von Jahren Wurst gemacht haben.« Er zieht einen Darm über die Tülle der Wurstmaschine und füllt den Behälter mit der Wurstmasse: eine Mischung aus magerem und fettem Fleisch, Salz, Pfeffer, Koriander, Muskatnuss und Eiswürfeln, alles durch den Fleischwolf gedreht. Einer der Kursteilnehmer darf die Kurbel bedienen, und die weiche Masse gleitet in den Darm – fertig sind die Frankfurter.

Unser Kurs neigt sich dem Ende entgegen. Dennhardt schließt ihn mit ein paar Worten über seine Zunft ab. »Fleischer soll man heutzutage nicht mehr sehen. Alles ist verpackt, alles ist sauber. Ich bin aber ins Fleischergewerbe hineingeboren, es liegt mir im Blut.« Von der Schweinehälfte ist nichts übrig geblieben, nicht mal der Kopf: Er ist zu Sülze verarbeitet worden, das Tier kann mit den Speisen, deren Rohstoffe es geliefert hat, zufrieden sein. Wir sind es auch. Zum Abschluss dürfen wir die Produkte verzehren.

Der wilde Highway
am Atlantik

W er Ballymaloe und vielleicht sogar einen der Kurse
Dennhardts besucht hat, könnte seinen Weg nun,
wohlgesättigt, in Richtung Cork City fortsetzen. Die Leute
in Cork sind etwas verrückt, meint man in Irland. Sie sprechen in einem Singsang, sie haben eigene Wörter, wie zum
Beispiel *langer*, was »Trottel«, »Säufer« oder »Penis« bedeuten
kann, und sie schauen immer aufs Meer. Cork ist die zweit-
größte Stadt der Republik Irland, und doch hat sie nicht einmal 150 000 Einwohner. 2005 war Cork Kulturhauptstadt Europas – die kleinste Stadt, der dieser Titel bis dahin verliehen worden war.

Der Ozean hat der Stadt im Süden Irlands früh zum Wohl-
stand verholfen. Im 17. Jahrhundert exportierte Cork riesige
Mengen Rinder, Schweine und Butter nach Frankreich, Holland, Spanien und Portugal, später auch Wolle, Spitze und
Glas.

Doch die Nähe zum Meer hatte auch unheilvolle Seiten: Mitte des 17. Jahrhunderts wurden in Cork mindestens
100 000 Iren an Bord britischer Schiffe gezwungen und als
Sklaven in die Kolonien verschleppt.

Der Hafen von Cork war der letzte Anlegeplatz der *Titanic*, bevor sie auf dem Weg nach New York unterging. Und Cork war auch der größte Auswanderungshafen, als die Menschen Mitte des 19. Jahrhunderts vor der Hungersnot flohen.

Die Stadt ist durchaus sehenswert und lohnt einen Besuch, aber ich entscheide mich für die Umgehungsstraße und fahre noch ein bisschen weiter gen Süden, nach Kinsale, denn hier beginnt der »Wild Atlantic Way«, den das irische Fremdenverkehrsamt im Frühjahr 2014 erfunden hat. Dazu musste man gar nicht viel tun, denn die zweitausendfünfhundert Kilometer lange Küstenstraße gab es ja bereits. Sie reicht von Kinsale bis Malin Head in Donegal im Nordwesten Irlands. Zu Beginn der Kampagne jubelte der Tourismus-Staatssekretär Michael Ring, dies sei die »längste Touristenstrecke der Welt«.

Damit die Besucher das auch merken, stellte man rund viertausend Schilder auf. Sie sind blau mit weißen Zickzacklinien, die wohl an Wellen erinnern sollen. Dazu ein Buchstabe: »N« oder »S« für die Himmelsrichtung. Wem das noch immer nicht zur Orientierung reicht, der kann sich eine App auf sein Smartphone laden.

Manch US-amerikanischer Tourist kapiert es dennoch nicht. Einmal, als ich in unserem Dorfladen an der Westküste meine Zeitung kaufen wollte, bog sich die Besitzerin vor Lachen und wollte sich gar nicht wieder beruhigen. »Ein dickes Pärchen mit breitem Kaugummi-Akzent hat gerade nach dem Wild Atlantic Highway gefragt«, erzählte sie mir, als sie schließlich wieder zu Atem kam. Als sie ihnen erklärt habe, dass es sich um das Sträßchen direkt vor der Ladentür handle, seien die beiden blass geworden. Sie waren von einer Autobahn ausgegangen und hatten geplant, die zweitausendfünfhundert Kilometer innerhalb von vier Tagen zurückzulegen.

Stattdessen mussten sie sich mit ihrem Mietwagen auf schmalen Straßen mit den entgegenkommenden Bussen herumschlagen, die nach meiner Erfahrung niemals ausweichen. Für die Autowerkstätten der Gegend ist das ein Segen: Der Kfz-Schrauber meines Vertrauens in Lisdoonvarna deckt sich zu Beginn der Saison stets mit genügend Ersatzreifen ein, denn täglich tauchen US-Touristen, die aus Angst vor den Brutalobussen zu weit links gefahren sind, mit zerschroteten Reifen auf.

Busse gibt es auf der Küstenstraße seit Eröffnung des »Wild Atlantic Way« mehr als genug. Musste man vorher mit einem Linienbus am Dienstag und einem weiteren am Donnerstag vorliebnehmen, so sind es nun gleich fünf am Tag, weil man die Routen an die neu erfundene Straße angepasst hat. Dafür sehen die abseits dieser Straße gelegenen Ortschaften jetzt nur noch selten einen Bus.

An der Atlantikstrecke liegen gut hundertfünfzig »Entdeckungsorte«, mehr als fünfzig Strände und hundertzwanzig Golfplätze. Eine Attraktion musste man allerdings gleich nach Einweihung der Route wieder aus den Broschüren streichen. Auf der Dingle-Halbinsel war das Dunbeg-Fort aus dem Jahr 500 vor unserer Zeitrechnung vom Orkan Christine ins Meer gespült worden.

Das Fremdenverkehrsamt bewirbt die Strecke nun mit dem Spruch: »Wo Land und Meer zusammenstoßen«. Man könnte es auch »Küste« nennen.

Dreißig Meter
über dem Meer

Von Kinsale aus könnte man also besagten Schildern mit den wellenimitierenden Zickzacklinien folgen und die winzigen Straßen immer an der Küste entlang nehmen, doch wir kürzen etwas ab und fahren geradewegs nach Westen zur Beara-Halbinsel. An deren Spitze verbindet die einzige Seilbahn Irlands das Festland mit der Insel Dursey.

Besonders vertrauenerweckend sieht der blau-weiße Stahlkasten, der mich übers Meer bringen soll, nicht aus. Links und rechts ist jeweils eine Bank für drei Personen angeschraubt, links oben befindet sich eine Gegensprechanlage: »Im Notfall drücken Sie den silbernen Knopf und sprechen mit der Bedienungsperson.« Um sicherzugehen, dass dieser Notfall nicht eintritt, hängt darunter eine Weihwasserflasche und der Psalm 91: »Ob Tausend fallen zu deiner Seite und Zehntausend zu deiner Rechten, so wird es doch dich nicht treffen. Du wirst sehen und schauen, wie den Gottlosen vergolten wird. Denn der HERR ist deine Zuversicht.«

Paddy Sheehan, ein kleiner Mann mit grauen Haaren und einer knallroten Jacke, ist seit 1993 für den Betrieb der Seilbahn zuständig, und so ist er mein erster Ansprechpartner, wenn es um Fragen zur Geschichte der Insel und ihrer schwankenden Verbindung zum Festland geht. Der 55-Jährige ist auf Beara geboren, in der Nähe der Seilbahnstation führt er mit seiner Frau Agnes eine kleine Pension mit dem passenden Namen »Windy Point«. Stürmisch ist es in der Gegend oft, doch erst bei Windstärke acht kann die Seilbahn nicht mehr fahren. »Wenn der Wind dann aus dem Westen kommt, könnte er die Gondel anheben, sodass sie aus der Trosse springt«, erklärt Sheehan mir, als wir uns an der Festlandseite der Seilbahn treffen und ich die Anlage noch immer etwas skeptisch beäuge.

Die Gondel ist vor ein paar Jahren ausgetauscht worden, die Originalgondel steht im Garten eines Bauernhauses hundert Meter die Straße hinauf und dient als Hühnerstall. »Im Grunde müsste man die ganze Anlage generalüberholen und eine größere Gondel anschaffen«, meint Sheehan. »Es passen ja nur sechs Menschen hinein, und voriges Jahr hatten wir neuntausend Besucher. Viele konnten gar nicht mitfahren.« Die Inselbewohner haben Vorrang, für sie wurde die Seilbahn 1969 errichtet. Sie fahren kostenlos, Touristen zahlen acht Euro.

Die Seilbahn hat das Leben auf der Insel verändert. Früher waren die Bewohner im Winter vom Festland praktisch abgeschnitten, denn der 375 Meter breite Dursey-Sund ist dann aufgrund der tückischen Strömungen unpassierbar. Dank der Seilbahn können sie zum Einkaufen oder zum Pub aufs Festland hinüber. Lediglich 2009 war die Seilbahn für zwei Monate außer Betrieb, weil das vierzig Jahre alte Seil erneuert werden musste. Die Abwanderung konnte die Seilbahn jedoch nicht aufhalten. Inzwischen leben nur noch sechs Menschen ständig auf Dursey.

Bis vor Kurzem hatten auch Tiere Vorrang vor Touristen. Auf der Insel grasen rund fünfhundert Schafe und achtzig Kühe, neben den paar Einwohnern besitzen auch neun Bauern vom Festland Weiden auf der Insel. Einmal sei eine Kuh, kaum dass sie auf dem Festland gelandet war, wieder zurück zur Insel geschwommen, sagt Sheehan. 2012 erließ die Grafschaftsverwaltung dann das Verbot, Tiere mit der Seilbahn zu transportieren. »Es ist schwierig für die Inselbewohner«, meint Sheehan. »Wenn sie ein krankes Tier haben, können sie es nicht mehr zum Tierarzt bringen, sondern müssen es auf der Insel sterben lassen. Und sie können ihre Tiere nicht mehr zum Viehmarkt transportieren.« Bevor die Seilbahn gebaut wurde, mussten die Tiere schwimmen, was nicht immer gut ging. Ich werfe einen Blick in die Gondel und entdecke unter den Bänken frische Strohreste. Auf meine Frage, ob das Verbot etwa nicht eingehalten werde, lächelt Sheehan nur.

Dann bleibt er zurück, und ich schwebe rund dreißig Meter über dem Sund, das Meer ist trügerisch ruhig und spiegelglatt. Ein paar Seehunde drehen ihre Runden, am Ufer nisten Steindohlen und Basstölpel, die größten Vögel im Nordatlantik. Anfang der Neunzigerjahre erklärte die irische Regierung den Küstenstreifen zum ersten Wal- und Delfinschutzgebiet Europas. Vierundzwanzig verschiedene Arten wurden gesichtet, und auch einige Haie, aber nur die harmloseren Arten.

Nach siebeneinhalb Minuten kommt die Gondel auf Dursey an, ein Sensor bremst sie rechtzeitig vor der Station ab. Hier bin ich auf mich gestellt, ich muss die Tür der Gondel öffnen und vorsichtig aussteigen. Die Insel ist sechseinhalb Kilometer lang und anderthalb Kilometer breit. Auf Irisch heißt sie Oileán Baoi, die Bojen-Insel. Sie ist vor allem braun, aber die Hügel sind grün. Bäume gibt es nicht, auch keinen Laden, kein Restaurant, keine Kneipe und keinen Handyempfang.

Neben der Gondelstation auf der Insel parkt rund ein Dutzend Autos, die meisten ohne TÜV und Versicherung. Eins davon ist das Postauto. Der Briefträger versorgt die paar Menschen täglich mit Post. »Die Autos sind mit Fischerbooten herübergebracht worden«, hatte Sheehan mir erzählt. »Man hat bei Flut genau eine halbe Stunde, um an der einzigen Stelle anzulegen, wo die Autos herunterfahren können. Die alten Leute wissen genau Bescheid, aber die jüngeren haben keine Ahnung.« Hunde sind im Interesse der Schafe nicht erlaubt. Unter dem Verbotsschild steht die Warnung: »So mancher Hund ist erschossen worden.«

So klein und unbedeutend die Insel scheint, so hat sie doch eine lange Geschichte. Schon zur Bronzezeit lebten hier Menschen. Vor tausend Jahren herrschten die Wikinger in Irland. Sie benutzten Dursey als »Sklavendepot«. Die irischen Sklaven wurden dort so lange gefangen gehalten, bis man genug von ihnen für eine Schiffsladung nach Skandinavien zusammenhatte – die Engländer machten es ihnen Jahrhunderte später nach, wie im vorigen Kapitel erwähnt. Nach den Wikingern kamen die Normannen. Ihre Eroberung Irlands war mit der Schlacht von Kinsale im Dezember 1601 abgeschlossen. Der Häuptling der Beara-Halbinsel, Donal Cam, hatte aufseiten der Rebellen gegen die Armee Elisabeths I. gekämpft. Nach der Niederlage zog er sich nach Dursey zurück und sicherte die Insel mit vierzig Mann gegen eine Invasion. Die kam ein Jahr später. Die Rebellen hatten den schwer bewaffneten englischen Truppen nichts entgegenzusetzen und ergaben sich, woraufhin sie auf der Burg von Dunboy gehängt wurden. Die englischen Invasoren töteten die dreihundert Bewohner, die damals noch auf Dursey lebten, und verbrannten ihre Häuser sowie die Kirche. Doch später siedelten sich wieder Menschen auf der Insel an.

Bis Mitte des 19. Jahrhunderts wurde ausschließlich Irisch gesprochen. Als der Schriftsteller Peadar Ó hAnnracháin 1906 nach Dursey kam, hatte sich jedoch Englisch bereits durchgesetzt. Wer auswandern wollte, musste Englisch können, und auch auf den weiterführenden Schulen auf dem Festland wurde der Unterricht auf Englisch abgehalten. Eine Grundschule gab es seit 1857 auf Dursey, der erste Lehrer war ein 18-jähriger Referendar, er unterrichtete zweiunddreißig Kinder. Doch 1975 war die Zahl der Schüler auf fünf geschrumpft, und da das Bildungsministerium ein Minimum von sechs Kindern vorschreibt, musste die Schule schließen, die Kinder gingen danach auf dem Festland zur Schule.

Von der Gondelstation aus folge ich der einspurigen Straße, die in der Mitte von Gras bewachsen ist, nach Südwesten. Links am Strand steht die Ruine einer Franziskaner-Kapelle, im 16. Jahrhundert vom spanischen Bischof Bonaventure gebaut, aber schon Anfang des 17. Jahrhunderts von Piraten überfallen und zerstört. Am Westende der Kapelle sind die Nachfahren der Häuptlinge von Beara beerdigt, wie ein Grabstein von 1787 ausweist. Nebenan liegt das Feld »Pairc an Air«, das Massakerfeld, auf dem die Engländer die Inselbewohner getötet hatten.

Es gibt drei Dörfer auf Dursey: Ballynacallagh, Kilmichael und Tilickafinna. Es sind Geisterdörfer, bis auf einige bewohnte Hütten und ein paar Ferienhäuser sind sie längst verlassen und zerfallen stetig. Nach Kilmichael verengt sich die Straße und ist nur noch ein besserer Trampelpfad. Auf meiner Tour über die Insel entdecke ich ein Geschwindigkeitsbegrenzungsschild, das irgendein Witzbold aufgestellt hat: 100 km/h. Am Ende des Weges, am Dursey Head, verweile ich einen Moment, um die vorgelagerten drei Felsen zu betrachten: The Bull, The Cow, The Calf.

Früher stand ein Leuchtturm auf dem Calf Rock, doch er wurde 1881 im Sturm zerstört. 1889 errichtete man ihn wieder, diesmal auf dem Bullenfelsen. Er diente der Nazi-Luftwaffe während des Zweiten Weltkriegs als Orientierungspunkt. Die Flugzeuge starteten täglich in Mérignac bei Bordeaux zu ihren Wettererkundungen und flogen tief über den Bullenfelsen. Dave Sheehan, der Leuchtturmwärter, ging jedes Mal hinaus und schwenkte ein gelbes Tuch, die Piloten winkten und wackelten mit den Tragflächen der zweimotorigen JU88. Doch am 22. Juli 1943 verlor der 22-jährige Pilot Hans Auschner im Nebel die Orientierung und flog in den Berg am Crow Head, nicht weit von der Stelle, wo heute die Gondelstation auf dem Festland steht.

Auschner und seine drei Besatzungsmitglieder wurden mit militärischen Ehren zunächst auf dem Friedhof von Ballaghboy beigesetzt. Vorsichtshalber hatte man einen katholischen und einen protestantischen Pfarrer geholt, weil man nicht wusste, welchem Glauben die Toten angehörten. 1950 wurden die vier Soldaten dann auf den deutschen Friedhof von Glencree an der Ostküste umgebettet. Unterhalb der Gondelstation hat die Grafschaftsverwaltung eine Gedenktafel angebracht. Ein Motor der JU88 dient heute als Anker im Hafen von Garinish, der zweite als Generator für einen fahrenden Rummelplatz.

Von Dursey Head begebe ich mich auf den Rückweg und

folge der Gabelung gen Norden. Der Weg führt mich hinauf zum höchsten Punkt der Insel, 252 Meter über dem Meeresspiegel, wo ein Wachtturm steht. Er wurde, wie viele andere Türme entlang der Küste, während der napoleonischen Kriege als Frühwarnsystem gebaut. Hinter dem Wachtturm führt die Straße in einem Bogen wieder hinunter zur Seilbahnstation, und mein Tag auf Dursey neigt sich dem Ende entgegen.

Auf der anderen Seite des Sunds warten Paddy Sheehan und seine Frau bereits auf die Gondel. Sie haben Eimer mit Viehfutter dabei. Sheehan besitzt vierzig Schafe auf Dursey. Um die Gondel zu bedienen, hat er einen Freund mitgebracht, doch der macht das offenbar zum ersten Mal. Er drückt auf einen Knopf auf dem großen Kontrollkasten. Weil er von dort aus die Gondel nicht sehen kann, fragt er mich: »Bewegt sie sich?« Nein. Er probiert weitere Knöpfe aus, und auf einmal setzt sich die Gondel in Gang, bleibt aber nach zehn Metern wieder stehen. Sheehan gibt unterdessen Anweisungen, doch durch die veraltete Gegensprechanlage sind sie nicht zu verstehen. Nachdem die Gondel ein paar Minuten in der Luft über dem Sund hängt, findet der Gehilfe den richtigen Knopf, und die Sheehans schweben nach Dursey zu ihren Schafen, während ich mich zurück auf unsere Tour begebe – diesmal zu einem mehr oder weniger sportlichen Ausflug.

Löcher
im Rasen

Ich habe das Alter erreicht, in dem man anfangen könnte, Golf zu spielen. Eigentlich mag ich keine Sportarten, bei denen man das Ziel nicht erkennen kann. Beim Fußball stehen Tore, beim Basketball hängen Körbe, und auch beim 100-Meter-Lauf sieht man die Ziellinie schon vom Start aus. Beim Golf aber kann man am Abschlag das Loch nur vermuten, es liegt irgendwo hinter den sieben Bergen bei den sieben Zwergen.

Doch in Irland ist Golf Volkssport – rund 300 000 Iren sind aktive Golfer. Das war nicht immer so. Auch hier galt Golf lange als ein elitärer Sport, der vor allem mit der britischen Aristokratie in Verbindung gebracht wurde. Aber dann kam das Jahr 1958. Das irische Team gewann überraschend den Canada Cup in Mexiko, und weil die Iren auf sportlichem Gebiet sonst wenig Grund zum Feiern hatten, horchte man in der Heimat auf. Als der Canada Cup zwei Jahre später in Portmarnock bei Dublin ausgetragen wurde, kamen 60 000 Zuschauer.

Heute gibt es in Irland mehr als dreihundert Golfplätze, auf jeweils 14 000 Einwohner kommt ein Club – nicht eingerechnet sind dabei die vielen Plätze, auf denen »Pitch and Putt« gespielt wird. Das ist eine Art Golf auf kleinem Raum, das immer mehr an Beliebtheit gewinnt. Diese Anfängerversion, um die echte Golfer einen großen Bogen machen, hat auch achtzehn Löcher, aber die liegen nur fünfzig bis siebzig Meter vom Abschlag entfernt. Das ist schon eher etwas für mich. »Pitch and Putt« heißt zu Deutsch: »Abschlagen und Einlochen«. Wenn es denn so einfach wäre. Zwischen beiden Ereignissen liegen – selbst wenn es nur solch verkürzte Distanzen zu überwinden gilt – jede Menge peinlicher Schläge auf unwegsamem Gelände.

Dass der Sport auch in dieser Variante nicht zu meinen zentralen Talenten zählt, bewies mir einmal mehr ein Duell, das ich mir mit einem Freund, dem Witzbildchenzeichner Tom, lieferte. Tom war mit Freundin Anette und Kollegen Wolfgang auf Irlandreise und freute sich über die vielen Schafe, die er so gerne zeichnet. Dann entdeckte er eine Lamaherde und rief: »Schaut mal, da sind ja L...« Er stutzte. Lamas in Irland? Das passte nicht zusammen. So vollendete er den Satz: »Langhalsschafe!«

Zurück zu unserer Golfrunde. Tom verschaffte sich auf dem Rasen einen unfairen Vorteil: Er hatte mir am Abend zuvor Himbeerbrand eingeflößt. Sein perfider Plan ging zunächst auf. Der Platz im westirischen Doolin, auf dem wir unsere Kräfte maßen, ist wunderschön gelegen, direkt am Meer mit Blick auf die Klippen von Moher. Doch an diesem Tag beeindruckte mich das Panorama nicht, ich konnte ja kaum den Ball erkennen. Er erinnerte mich an eine Himbeere.

Bei jedem meiner Schläge flog zur Belustigung meiner Konkurrenten ein Stück Rasen in die Luft. Ich spiele eben einen US-amerikanischen Stil, behauptete ich trotzig. Dabei, so hatte ich gelesen, hauen die Spieler unter den Ball, um eine höhere Flugbahn zu erzielen. Tiger Woods hat diesen Stil perfektioniert, ich war noch nicht ganz so weit. Während Woods' Ball bekanntermaßen fast immer beim ersten Versuch auf dem Green landet, ertrank meiner im Wassergraben oder verschwand ganz einfach unauffindbar. Nur ein Mal, bei Loch acht, schaffte ich es mit einem Schlag auf das Green – allerdings auf das von Loch sieben.

Die US-amerikanische Spielweise, die sich immer mehr durchsetzt, ist auch ein großes Problem für den Platz im schottischen St. Andrews, wo Golf erfunden wurde. »Ein Golfer haut pro Runde durchschnittlich dreißig Kuhlen in den Rasen«, erzählte mir Gordon Moir, der Oberplatzwart, den ich einmal auf einer Schottlandreise zu diesem Thema befragte. »Bei zweihundert Runden am Tag kommt eine erschreckende Zahl von Kuhlen zustande. Wenn es die Golfspieler nicht gäbe, hätten wir den perfekten Golfplatz.«

Auf dem Pitch-and-Putt-Platz in Doolin waren die Kuhlen mein geringstes Problem. Meinen persönlichen Tiefpunkt erreichte ich beim neunten Loch: Der Ball landete in einem riesigen Kuhfladen. So etwas findet man in St. Andrews bestimmt nicht. Beim Versuch, den Ball herauszulöffeln, schlug ich zu fest zu, sodass ich plötzlich Sommersprossen hatte, was meine Mitspieler prompt fotografisch festhielten. Welch ein Glück, dass kein echter Golfspieler in der Nähe war.

Ein weiterer Grund für den irischen Golfboom ist die Quotenregelung der Europäischen Union. Viele Bauern ließen ihr Land brach liegen, weil das lukrativ war. Als die EU-Gelder für solche Brachen versiegten, verkauften die Bauern Land oder legten selbst einen Golfplatz an, denn dafür gab es im Zuge der Tourismusförderung wiederum EU-Mittel.

Niemand weiß, wann und wo in Irland der erste Ball ins Loch rollte, aber es gibt ein paar Indizien. Die Urform des Sports stammt vermutlich aus den Niederlanden, doch populärer wurde er in Schottland, von wo aus er wohl auch nach Irland kam. Hugh Montgomery, der Laird of Braidstone in Westschottland, besuchte Anfang des 17. Jahrhunderts die Ards-Halbinsel in Nordirland. Als er mit seinem schottischen Regiment in Holland stationiert war, hatte er »Kolven«, eine Urform des Golfs, kennengelernt. Das hatte ihm so gut gefallen, dass er im nordirischen Newtown Land kaufte, einen Golfplatz anlegen und eine Schule bauen ließ. In den Unterrichtspausen durften die Schüler Kolven und Bogenschießen üben. Montgomerys Besitz wurde bei einer Rebellion völlig zerstört, und vom Golfsport hörte man in dieser Gegend erst wieder im späten 19. Jahrhundert.

Die moderne Geschichte des Golfs beginnt in Irland im Jahr 1881. Im Oktober jenes Jahres gründete Thomas Sinclair gemeinsam mit dem Volksschullehrer George Bailie den ersten irischen Club, den Royal Belfast Golf Club. Vier Jahre später entstand auch in Dublin ein Club samt Golfplatz – eine Anlage mit neun Löchern im Phoenix Park, dem größten Stadtpark Europas. 1891 wurde der Golfverband gegründet, der unter anderem dafür sorgte, dass Plätze stets in der Nähe von Bahnhöfen angelegt wurden – die Eisenbahngesellschaft gewährte zeitweilig sogar Sonderrabatte für Golfspieler. Zwei Jahre später gab es auch einen Verband für Frauen. Es war der erste der Welt.

In Ballybunion, im Südwesten der Grünen Insel, liegt ein

Golfplatz, den der *New Yorker* einmal als den besten der Welt bezeichnete. Er wurde schon 1893 angelegt, doch der exzentrische »Golfarchitekt« Tom Simpson und seine Freundin Molly Gourlay, selbst eine bekannte Golferin, gaben ihm Anfang der Dreißigerjahre ein neues Gesicht. Das englische Pärchen fuhr damals im offenen Rolls-Royce durch Irland und entwarf Golfplätze. Simpsons Theorie lautete, dass Golf nur dann gut ist, wenn man neben körperlichem Einsatz auch seinen Grips anstrengen muss. Keine zwei Greens sollten sich auch nur im Entferntesten ähneln, fand Simpson.

Wohl von der Erwähnung im *New Yorker* angelockt, kam 1998 sogar der damalige US-Präsident Bill Clinton auf eine Runde Golf nach Ballybunion. Zuvor ließen die Lokalpolitiker ihre Stadt aufhübschen. In ihrem Eifer tauschten sie auch das Ladenschild des Friseurs aus, der nun vorübergehend »The President's Shop« hieß, bevor er wieder seinen alten Namen bekam: »Monica's«. Leider hatte jemand den Schilderaustausch gefilmt. Die Medien der Welt berichteten hämisch, und Clintons Chancen auf eine gerüchte- und Lewinsky-freie Golfrunde waren perdu.

Ein amerikanischer Golfamateur war von dem Platz in Ballybunion sogar dermaßen begeistert, dass er sich nach seinem Tod herüberfliegen und in Sichtweite des ersten Tees auf dem Killakenny-Friedhof begraben ließ. Ist ihm, als er sich auf dem Green eine Pause gönnte, um den Blick aufs Meer zu genießen, vielleicht Killsaheen begegnet? Das ist eine Erscheinung, die sich an ruhigen Tagen bisweilen auf dem Wasser vor der Küste der Stadt abzeichnet. Sie besteht aus einem großen Torbogen, auf dem Menschen laufen. Am Rand des Bogens sitzt eine alte Frau mit Wollschal und ver-

44

kauft Waren aus einem Karren. Nach fünf bis zehn Minuten ist der Spuk vorbei, und das Bild verschwindet. Wer Killsaheen gesehen hat, so besagt die Legende, stirbt innerhalb von sieben Jahren. Wahrscheinlicher ist jedoch die Theorie, dass es sich bei der Erscheinung um den Torbogen Spanish Arch in Galway handelt, der sich bei bestimmten Wetterbedingungen im Meer spiegelt.

Wie eine Reihe anderer Küstenplätze, so ist auch Ballybunion ständig vom Meer bedroht. Joe Carr, einer der besten europäischen Golfamateure, verlangte einmal, die am meisten gefährdeten Grüns zum Kulturerbe zu erklären, damit internationale Mittel zur Verfügung gestellt würden, um sie zu schützen. Bis es so weit ist, behilft man sich mit Holzgerüsten, die mit Steinen gefüllt sind, um die Wellen zu brechen.

Doch zurück zu unserer Pitch-and-Putt-Runde auf dem Platz in Doolin. Nach dem neunten Loch begannen endlich meine Anti-Kater-Tabletten zu wirken. Die zweite Hälfte der Golfrunde verlief tadellos, sodass ich am Ende gemeinsam mit Tom auf den zweiten Platz kam. Kollege Wolfgang war allerdings uneinholbar enteilt. Er spielte ein Familienduell gegen seinen gar nicht anwesenden Bruder, der auf demselben Platz drei Wochen zuvor laut eigener Aussage neunundachtzig Schläge benötigt hatte. Wolfgang schaffte es nach großem Nervenkitzel in achtundachtzig Schlägen und schickte seinem Bruder noch auf dem Green eine Textnachricht. Die Antwort kam prompt: »Du musst dich verhört haben. Ich habe nur siebenundachtzig Schläge gebraucht.« Abends flößten wir Wolfgang den Rest des beruhigenden Himbeerbrands ein.

Ich aber fühle mich seit der erfolgreichen zweiten Hälfte dieses Parcours bereit für größere Herausforderungen – Portmarnock vielleicht? Dieser Golfplatz ist sogar noch berühmter als der in Ballybunion. Seine Geschichte beginnt 1893, als Rechtsanwalt George Ross und sein schottischer Freund W. C. Pickeman von Sutton aus herübergerudert kamen, um das Gelände zu inspizieren. Sie fanden es golftauglich: Es war zwar abgelegen, doch nahe genug bei Dublin. Da der Besitzer des Landes, John Jameson aus der Whiskey-Dynastie, selbst begeisterter Golfspieler war, verpachtete er es ihnen zu günstigen Konditionen.

Der Schläger, mit dem George Ross am zweiten Weihnachtsfeiertag 1893 den ersten Ball auf dem Rasen von Portmarnock spielte, hängt heute im Clubhaus. Damals gab es nur neun Löcher, zwei Jahre später wurden weitere neun angelegt. Laut alten Clublegenden war das größte Hindernis für die Spieler der frühen Jahre Maggie Leonards Kuh, die am ersten Green stand und Hunderte von Golfbällen verschluckte. Es heißt, man habe Frau Leonard mit einer halben Tonne Kohle bestochen, damit sie die Bälle wieder herausrückte, nachdem sie die Kuh auf natürlichem Wege verlassen hatten.

Heute ist Portmarnock von der expandierenden Hauptstadt eingenommen worden. Der Platz gilt als Heimat der Irish Open, die häufig dort ausgetragen werden – zum ersten Mal 1927. Gewonnen hat damals George Duncan aus Wentworth. Vor der letzten Runde lag der Engländer noch neun Schläge hinter seinem Assistenten Jack Smith. Dann setzte sintflutartiger Regen ein. Duncan wickelte sich in braunes Packpapier und schaffte eine sensationelle 74er-Runde. Smith, ohne Packpapier, benötigte einundneunzig Schläge.

46

Gleich nebenan gibt es einen zweiten Platz, der von Bernhard Langer entworfen wurde. Auf dem Friedhof rechts vom Eröffnungsloch liegt der heilige Marnock, der Namensgeber des Ortes, begraben, und bei den letzten drei Löchern könnte man den Beistand des Heiligen durchaus gebrauchen. Vor allem das siebzehnte Loch hat es in sich: Links vom Green steht ein Bunker, rechts fällt das Gelände steil ab. Das achtzehnte Green liegt in einer Art natürlichem Amphitheater, im Hintergrund das imposante Portmarnock Golf Hotel.

Besucher, Amateure wie Profis, schwärmen von der Vielfalt der irischen Plätze, die von klassischen Anlagen über Heide- und Parklandplätze bis hin zu Küstenplätzen in wildromantischer Landschaft reicht. »Als Gott Irland schuf«, sagte ein amerikanischer Golfplatz-Architekt, »legte er Dünen und Gelände so an, dass eines Tages großartige Golfplätze entstehen würden.« Für mich als Amateur kann der Pitch-and-Putt-Platz in Doolin mit den schönsten Golfplätzen mithalten. Und er liegt nur einen Steinwurf von meiner Haustür im Nachbarort Fanore entfernt. Dort soll unsere Rundreise weitergehen.

Vierbeiner und
Heiratsvermittler

Der Regen hat aufgehört. Die grauen Steinhügel glänzen in der Sonne. Ich stehe auf den hellen Kalksteinplatten, die kurz hinter Fanore in der westirischen Grafschaft Clare bis ans Meer reichen. Dahinter, am Horizont, zeichnen sich die drei Aran-Inseln ab, die vor langer Zeit mit dem Festland verbunden waren und auf den ersten Blick ebenfalls wie eine Mondlandschaft aussehen. Diese Gegend heißt Burren. Das Wort stammt vom irischen *boireann* ab, was »großer Felsen« bedeutet. Der Burren ist der kleinste der sechs irischen Nationalparks, Blumen pflücken ist hier verboten, und Steine darf man erst recht nicht als Andenken mitnehmen.

Hinter mir auf der anderen Straßenseite ragen mehrere Felsbrocken senkrecht hoch, und an der glitschigen Wand üben ein paar junge Leute das Klettern. Sie sind angeseilt. Ich nehme lieber den sacht ansteigenden Pfad, der sich zwischen den Brocken emporschlängelt, und oben angekommen ahnt man, warum der Burren zum Nationalpark wurde. Auf dem Plateau wachsen zwischen den Steinplatten Pflanzen aus dem Mittelmeerraum, aus den Alpen und der Ark-

48

tis einträchtig nebeneinander. Diese landschaftliche Vielfalt ist einmalig in Europa. Typisch für den Burren sind die *Turloughs*, sogenannte Winterseen, die aus unterirdischen Quellen gespeist werden und im Sommer wieder verschwinden. Manchmal, wie jetzt nach dem langen Regen, schießt das Wasser in regelrechten Wasserfällen aus den Felswänden.

Gérard »Obelix« Depardieu kam 2011 zu den Dreharbeiten am neuen Asterix-Film genau an die Stelle, wo ich jetzt stehe. Damals wurde die Straße für zehn Tage gesperrt, wer in den Nachbarort wollte, musste die Umleitung auf den winzigen Straßen mitten durch den Burren nehmen – für die Einheimischen ein Ärgernis, für mich ein Erlebnis, weil ich dadurch die Gegend noch besser kennenlernte. Lange vor mir und vor Depardieu stand schon Paul Newman auf diesen Steinplatten, als Anfang der Siebzigerjahre *Der Mackintosh-Mann* gedreht wurde.

Doch die besondere Landschaft des Burren inspiriert nicht nur Filmemacher, sie hat auch meine Frau und mich dazu bewogen, uns in Fanore, mitten im Herzen des Burren, ein kleines Haus zu kaufen, in dem wir uns irgendwann einmal zur Ruhe setzen werden. Dass es so weit kommen konnte, verdanken wir dem im Vorwort geschilderten, schon Jahre zurückliegenden Ausflug in das einige Kilometer südlich von Fanore liegende Örtchen Lisdoonvarna. Und ein wenig auch einem Mann namens Willie Daly – oder zumindest dem Festival, auf dem er zuweilen seinem Gewerbe nachgeht.

Willie, ein Mittsiebziger mit weißem Bart und bedächtigen Bewegungen, ist eine Art Tausendsassa und lokale Berühmtheit, denn der Vater von sieben Kindern betreibt einen Reiterhof, einen Pub und ist – nebenbei und ehrenamtlich – der berühmteste »Matchmaker« der Gegend. Ich kenne ihn seit vielen Jahren. Er lebt in einem neuen Bungalow außerhalb Ennistymons, ein paar Kilometer weiter südlich von Lisdoonvarna. Seinen alten Bauernhof auf dem Nachbargrundstück benutzt er als Stall für Pferde und Ponys, die er an Touristen vermietet. In Dalys geräumiger Küche am Ende des Flurs herrscht stets Chaos: Unter dem Tisch liegen Pantoffeln, über die Lehne des blauen Stuhls mit Strohsitz sind Strickjacken geworfen, in der Ecke liegt seine Gitarre. Das »ewige Licht« neben dem Jesusbild an der Wand ist vor Jahren verloschen: Die rote Birne fehlt. Wenn Daly erzählt, schweift er immer wieder in Anekdoten ab. Und niemand weiß, ob sie sich wirklich so zugetragen haben.

Zuletzt besuchte ich ihn mit unserer Freundin Anette, die bereits bei der Pitch-and-Putt-Runde erwähnt wurde, und ihrer Nachbarin Qui, die diesen Spitznamen aus ihr selbst unbekannten Gründen trägt. Die beiden kommen jedes Jahr für zehn Tage nach Irland, um unseren Garten in Fanore auf Vordermann zu bringen. Da er in den restlichen 355 Tagen wenig Aufmerksamkeit erfährt, gibt es jede Menge zu tun. Seit Jahren hatten sich Anette und Qui gewünscht, dass ich mit ihnen reiten gehe, doch ich hatte immer eine Ausrede. Irgendwann bin ich eingeknickt. Wir fuhren zu Willie Daly, und natürlich fragten die beiden ihn nach seinem speziellen Ehrenamt, von dem er ihnen bereitwillig erzählte.

Eine seiner Geschichten handelt von seinem Bekannten Liam, der ihn anrief und um ein Treffen bat. Er solle einfach

vorbeikommen, meinte Daly, doch Liam lehnte ab: Dann
wisse ja gleich das ganze Dorf, dass er eine Frau suche. So
verabredete man sich zur Abenddämmerung im Nachbarort
auf dem Friedhof. Liam hatte seinen kleinen Hund mitgebracht. Plötzlich waren Stimmen zu hören. Liam zog Daly
hinter einen Grabstein, doch die Stimmen kamen näher, da
der Hund unaufhörlich bellte. Schließlich tauchte ein älte-
res Ehepaar mit junger Tochter auf. Es waren US-amerikanische Touristen, und sie wunderten sich, warum zwei erwachsene Männer hinter einem Grabstein kauerten. Die
junge Frau beugte sich zu dem Hund hinunter und wollte ihn
streicheln, doch das Tier biss ihr in die Nase. Daly und sein
Freund kamen hinter dem Grabstein hervor, verarzteten
das Mädchen notdürftig, und Daly sagte zu seinem Freund:
»Dein Hund hat die Frau beschädigt, jetzt musst du sie hei-
raten.« Neulich habe man Hochzeit gefeiert, schloss Daly
seine Geschichte ab.

Schon Dalys Vater und Großvater waren »Matchmaker«. Er
selbst übernahm das Amt vor rund fünfzig Jahren. Damals
gab es außer der Landwirtschaft kaum Jobs in der Gegend,
und Vergnügungsveranstaltungen, auf denen man eine Part-
nerin oder einen Partner kennenlernen konnte, waren rar.
Viele seiner Freunde wanderten aus oder zogen auf der Suche
nach Arbeit und einer Frau nach Dublin. »Das war für mich
der Hauptgrund, mit der Heiratsvermittlung anzufangen«,
sagt Daly. »Ich wollte, dass meine Freunde einen Grund haben, hierzubleiben.«

Ich hätte Willie gern noch länger gelauscht, denn das
hätte mich vor dem geplanten Ausritt bewahrt, doch meine
beiden Begleiterinnen kannten keine Gnade. Ob ich wollte

oder nicht, ich musste auf eins dieser unhandlichen Tiere hinaufklettern. Ich stieg zunächst auf eine Mauer und hüpfte von dort aus auf den Gaul, den der Heiratsvermittler für mich vorgesehen hatte. Auf dem Rücken des Pferdes angekommen, verkrallte ich mich in seinen Sattel und hoffte, dass es an Energiearmut litt. Doch diese Hoffnung begann zu schwinden, als Daly mir noch den Tipp gab, das Tier möge es nicht, wenn Artgenossen vor ihm liefen. Sollten wir uns etwa ein Rennen liefern?

Dazu kam es glücklicherweise nicht. Quis Pferd hieß »Pancake«, und der Name war Programm. Sobald Gras in Sicht war, blieb der Pfannkuchen stehen und begann zu fressen. Anettes Tier, »George Clooney«, hatte ebenfalls keine Ambitionen, irgendwelche Rennqualitäten an den Tag zu legen, und blieb vornehm im Hintergrund. Ich hatte vergessen, nach dem Namen meiner Stute zu fragen. Vermutlich hieß sie Kate Moss. Sie wackelte mit dem Hintern wie ein Model auf dem Laufsteg. Wer hätte gedacht, dass man auf einem Pferd seekrank werden kann? Nach einer halben Stunde war es vorbei, ich hatte mein Versprechen eingelöst, und auch die Pferde schienen erleichtert.

Als wir von unserem kleinen Ausritt zurückkehrten, zeigte Daly uns noch einen Pferdewagen in der hintersten Ecke seines Schuppens und erwähnte möglichst beiläufig, dass er aus dem Film *Der Ausgestoßene* stamme. John Wayne habe darin gesessen. Es war eine dieser Geschichten, bei denen es auf den Wahrheitsgehalt nicht ankam. Meistens drehen sich Dalys Erzählungen aber um steinalte Männer, die er mit sehr jungen Frauen verkuppelt habe, wie die Geschichte von Liam auf dem Friedhof.

Dass meine Gattin und ich uns gefunden haben und inzwischen das Haus auf dem Burren besitzen, geht zwar nicht auf Dalys Kappe, aber natürlich mischt er auf dem Heiratsmarkt in Lisdoonvarna, auf dem wir uns damals kennengelernt haben, ordentlich mit. Die Details dieses für mich denkwürdigen Abends werde ich aber auch an dieser Stelle nicht preisgeben.

Irlands nützliche
Brasilianer

L angsam füllt sich der Saal. Es ist elf Uhr nachts, und aus
den Lautsprechern dröhnt Samba vom Band. Ein halbes
Dutzend Paare tanzen. Draußen regnet es, die Temperatu-
ren sind herbstlich. Die jungen Frauen sind gekleidet, als ob
sie an der Copacabana in Brasilien sind. Dort kommen sie
auch her.

Aber hier ist nicht Brasilien. Mein heutiger Ausflug führt
mich nach Gort im Nordosten des Burren. Cristina kam 2004,
ihre Schwester und deren Mann waren bereits ein Jahr zuvor nach Irland ausgewandert. Cristina ist Ende zwanzig, sie
stammt aus São Paulo. Sie hat ihre langen schwarzen Haare
zu einem Zopf zusammengebunden, damit sie beim Tanzen
nicht stören.

Bei einer Tanzpause erzählt sie mir, was sie nach Irland
verschlagen hat: »Meine Schwester schwärmte mir vor, dass
man hier in einer Woche so viel verdienen kann wie in Brasilien in einem Monat. Als sich mein damaliger Freund von mir
trennte, fiel mir der Entschluss leicht, zu meiner Schwester
nach Gort zu ziehen.« Der Ort macht nicht viel her, bis auf
das Turmhaus Thoor Ballylee, das Irlands erster Literatur-

nobelpreisträger William Butler Yeats 1916 kaufte und renovierte, sowie den Coole Park am Rand des Ortes. Cristina ist
geblieben, sie wohnt noch immer bei der Schwester und deren Mann. Ihr Geld verdient sie als Putzfrau. Die brasilianischen Feste, die regelmäßig stattfinden, helfen ihr, das
Heimweh zu lindern.

An diesem Abend trifft man sich im Castle Inn, einem
typischen irischen Countrypub, und ich habe mich her-
gesellt, um ein wenig mehr über die zahlreichen Brasilianer
zu erfahren, die seit einigen Jahren das Gesicht dieses Ortes
prägen.

Der Flachbau des Countrypubs liegt an der Hauptstraße
von Gort nach Loughrea. Die linke Tür führt in die Bar, wo
ein paar Bauern vor ihren Biergläsern an der Theke sitzen.
Rechts geht es in einen Saal mit Bühne und Tanzfläche.
Stühle und Bänke sind mit rotem Plüsch bezogen, hinter der
langen Theke bedient eine junge Irin. Die meisten halten
sich an Limonade – sie sind mit dem Auto gekommen, und
auch im ländlichen Irland sind die Alkoholkontrollen scharf.

Für brasilianisches Flair sorgen grün-gelbe Fähnchen und
Plakate, auf den Toilettentüren weisen Zettel mit portugiesi-
schen Worten auf das Rauchverbot hin. Um halb zwölf tritt
endlich die Band auf, die für neun Uhr angekündigt war:
eine blonde Brasilianerin mit Knopfakkordeon und fünf
Musiker mit Gitarre, Geige, Tamburin, Triangel und Trom-
mel. Alle tragen rote Plastikhüte mit breiter Krempe, die
vorne nach oben gebogen ist. Jetzt strömen auch diejenigen
auf die Tanzfläche, die bei der Musik vom Band sitzen geblieben waren. Ich tanze nicht gerne und bleibe auf meinem
Stuhl, finde aber schon bald einen neuen Gesprächspartner.

Eric ist der Fahrer der Band. Nachts um drei muss er die

Musiker wieder nach Dublin bringen, das sind drei Stunden Fahrzeit. »Heute bin ich auf den Tag genau neun Jahre in Irland«, erzählt er mir, nachdem er sich neben mich an die Bar gesetzt hat. Eric ist Ende zwanzig, er trägt ein dünnes Bärtchen und eine grün-gelbe Wollmütze. Die braucht er auch: Dieser irische Sommer ist der schlechteste seit hundertsiebzig Jahren. »Das Wetter ist grauenhaft, aber ich bin gerade aus Brasilien zurückgekehrt und habe noch etwas Sonnenreserven«, seufzt Eric. »Und Weihnachten habe ich noch mal zwei Wochen Urlaub.«

Er besitzt eine kleine Farm im Zentrum Brasiliens, die von seinem Bruder bewirtschaftet wird, er hat sogar Fotos dabei und zeigt sie mir. Irgendwann will er dorthin zurückkehren, und wenn ich die Bilder sehe, kann ich das verstehen. »Bis dahin muss ich aber Geld verdienen«, erklärt er, »weil ich ein Stück Land zwischen meiner Farm und dem Fluss kaufen will.« Dort sollen Ferienhäuser entstehen, die er an irische Touristen vermieten möchte. »Wenn ich ihnen diese Fotos zeige, werden sie begeistert sein«, sagt er, und ich nicke. »Es ist der schönste Ort der Welt.«

Den Job als Fahrer der Band macht er ehrenamtlich. »Wir wollen den Iren die brasilianische Kultur näherbringen«, sagt er. »Wir fahren an den Wochenenden durchs Land. Voriges Samstag sind bestimmt tausendfünfhundert Menschen zum Auftritt der Band gekommen.« Heute sind es höchstens hundertfünfzig, aber die Stimmung ist ausgelassen. Man bleibt unter sich, nur zwei junge Iren, die von ihren brasilianischen Freundinnen mitgebracht worden sind, durchmischen das tanzende Volk. »Normalerweise ziehen unsere Feste mehr Einheimische an«, sagt Eric. Sein Geld verdient er als Gabelstaplerfahrer in Dublin. Früher hat er in der Fleischfabrik in Gort gearbeitet, wo 1999 alles angefangen hat.

Damals holte der Besitzer Seán Duffy Facharbeiter aus Brasilien. Die kamen mit ihren Familien, denen andere Verwandte und Freunde folgten. Schon bald eröffneten sie ein Modegeschäft und einen Lebensmittelladen, einen Friseursalon und eine Gemüsehandlung. Und sie gründeten eine Fußballmannschaft. Die Samba Celtics brachten einen Sommer lang südamerikanisches Flair in die Galway-Liga, Gorts Sportplatz bekam dreisprachige Schilder: englisch, irisch, portugiesisch. Aber die Kicker kamen mit dem körperbetonten Spiel der Iren nicht zurecht und zogen sich aus dem Liga-Betrieb zurück.

Auch das irische Wirtschaftswunder ist inzwischen vorbei, und die Arbeitslosigkeit ist gestiegen. Die Fleischfabrik in Gort hat dichtgemacht. »Die Menschen ziehen nun der Arbeit hinterher«, erzählt mir Gustavo, der eleganteste Tänzer auf dem Parkett im Castle Inn. Er ist seit elf Monaten hier, ein Jahr will er noch bleiben. Er arbeitet für »Brazil for all«, eine Organisation, die den Tourismus in Brasilien ankurbeln will, sich aber auch um die brasilianischen Einwanderer kümmert. »Wir helfen ihnen, wenn sie Schwierigkeiten mit den Behörden haben, wir organisieren Sprachkurse, und wir produzieren eine Zeitung auf Englisch und Portugiesisch.« Es ist für seine Landsleute nicht mehr so einfach wie früher: »Noch leben etwa zehntausend Brasilianer in Irland. Viele davon sind Studenten in Dublin. Auf dem Land werden immer mehr von uns zu Tagelöhnern.«

Sie warten morgens am Marktplatz in Gort, ob ein Bauer oder Bauunternehmer vorbeikommt und ihnen für einen Tag oder eine Woche Arbeit gibt. Die Iren kennen das, sie haben einen Begriff für die Wanderarbeiter: *Spailpín Fánach*. Früher gingen viele Iren nach London und warteten im Morgengrauen am Straßenrand auf die Lastwagen der Unternehmer, um in England Häuser, Eisenbahnstrecken und den Kanaltunnel zu bauen.

Dann, Anfang der Neunzigerjahre, begann Irlands Wirtschaft selbst zu boomen. Das Auswandererland wandelte sich zum Einwandererland. Es kamen Chinesen, Nigerianer und mit der EU-Erweiterung Polen und Balten. Die Zahl der Immigranten versechsfachte sich zwischen 1987 und 2007. Tausende von Iren, die zum Teil zwanzig, dreißig Jahre im Ausland gearbeitet hatten, kehrten in ihre Heimat zurück. Die irische Bevölkerung wuchs auf über vier Millionen Menschen. Doch das ist nun aus und vorbei. Die Emigration gehört wieder zum Alltag. Zwar sind genaue Angaben nicht möglich, weil es keine Meldepflicht gibt, aber es ist offensichtlich, dass viele der Einwanderer in ihre Heimatländer zurückkehren.

Andere wollen unbedingt bleiben. Im Castle Inn erzählt Cristina mir von ihrer Freundin Gardenia, die Angst vor der Ausweisung hat. »Ihr Vater ist Ende 2006 in Brasilien gestorben«, sagt Cristina. »Doch Gardenia traute sich nicht zu seiner Beerdigung, weil sie befürchtete, ohne Arbeitserlaubnis nicht mehr nach Irland hineingelassen zu werden. Als ihre Mutter sie kurz darauf besuchen wollte, wurde sie schon in Dublin am Flughafen aufgehalten und gleich wieder zurückgeschickt.«

Noch bis 2004 konnten die Brasilianer ungehindert als Touristen einreisen, doch mit der Osterweiterung der Europäischen Union sind die Grenzkontrollen verschärft worden. Zwar benötigen Brasilianer noch immer kein Visum, aber sie müssen den Zollbeamten nachweisen, dass sie genügend Geld für ihren »Urlaub« in Irland haben. Jeder Dritte kann das nicht und muss draußen bleiben.

»Die Behörden haben uns ins Land gelassen, als wir gebraucht wurden«, sagt Cristina noch, bevor sie wieder auf der Tanzfläche verschwindet und ich den brasilianischen Pubabend ausklingen lasse. »Sie haben ein Auge zugedrückt, aber Aufenthaltsberechtigungen haben sie uns nicht gegeben. Dadurch können sie uns nun, wo es keine Arbeit mehr gibt, einfach hinauswerfen und behaupten, sie hätten von unserer Existenz bisher gar nichts gewusst.«

Die Nacht
des großen Windes

Clare, das sagte ich bereits, ist meine Lieblingsgrafschaft, deshalb wenden wir uns wieder der Küste zu und bleiben auf dem Burren. Neben all seinen schönen Seiten hat der auch seine Tücken – das Wetter, zum Beispiel. Anfang 2014, meine Frau und ich hielten uns gerade zu einem verlängerten Weihnachtsurlaub in Fanore auf, brachten Stürme die Küste völlig durcheinander. Steine so groß wie ein Tisch wurden einfach in die Luft gewirbelt. Unsere Strandspaziergänge mussten wir auf unbestimmte Zeit verschieben, denn den berühmten Sandstrand in Fanore gab es nicht mehr, der Sand war weg, das Meer hatte ihn sich geholt und die Felsen darunter freigelegt.

Der Burren ist ein Naturschutzgebiet. Das heißt, dass die Natur vor den Menschen geschützt wird. Umgekehrt gilt das nicht, aber so wild wie in diesen Tagen hatte ich es noch nie erlebt. Die Windgeschwindigkeiten betrugen bis zu hundertsechzig Kilometer pro Stunde, der internationale Flughafen Shannon am südlichen Ende unserer Grafschaft wurde geschlossen, nachdem ein Flugzeug vom Sturm einfach umgeworfen worden war. Der Orkan deckte Hunderte von Dächern ab, Bahnlinien mussten gesperrt werden, weil Felsbrocken auf den Gleisen lagen. Tausende Häuser entlang der Westküste waren tagelang ohne Strom oder Telefon, weil die Masten wie Strohhalme umgeknickt waren und die Telefongesellschaften niemanden in den Sturm hinausschicken wollten, der sie hätte reparieren können.

An einem Morgen fand ich ein komplettes Dach auf unserer Terrasse. Es gehörte zum Schuppen unseres Nachbarn, der Sturm hatte es angehoben und um zwanzig Meter versetzt, ohne es zu beschädigen.

Seit dem zweiten Weihnachtstag erlebten wir bereits den fünften Orkan. Kaum hatte man die Schäden ausgebessert, machte der nächste Sturm alles zunichte. Dann, als es einen Moment vollkommen windstill war, hob sich der Atlantik binnen Sekunden um zwei Meter und sank wieder ab. Es war gespenstisch, ein solches Phänomen hatte ich vorher noch nie gesehen. Mein Nachbar Pat McNamara musste jede Nacht hinaus aufs Feld, weil fünf seiner Kühe hochträchtig waren. Deshalb bemerkte er zum Glück die überfluteten Wiesen und konnte die Kälber retten, aber er verlor eine Kuh im Sturm.

Dabei waren wir in Fanore noch recht glimpflich davongekommen. In Lahinch, etwas weiter südlich, vernichtete der Orkan die gesamte Promenade. Und als habe er den Küstenbewohnern etwas vor Augen führen wollen, zerstörte er nicht nur ihre Häuser und richtete Schäden von über dreißig Millionen Euro an, sondern förderte, als er die Felsen unter der Promenade hochwirbelte, auch Tonnen von Müll zutage, den Besucher seit Jahrzehnten in den Felsspalten zurückgelassen hatten. Fünfzig Freiwillige sammelten binnen einer Woche mehr als sechshundert Säcke voller Müll.

Der Sturm setzte neben all dem angerichteten Schaden immerhin eine landesweite Debatte darüber in Gang, wie man in Irland künftig mit Überschwemmungen umgehen soll. Zwar hatte man schon 2012 eine Liste mit bedrohten Orten aufgestellt, doch Lahinch fehlte darauf. Staatssekretär Brian Hayes verteidigte sich, das Budget für die Vermeidung von Flutschäden sei trotz der Rezession nicht gekürzt worden, aber er musste eingestehen, dass Stadtplaner und Politiker in der Vergangenheit Fehler begangen hätten, unter anderem habe man die rettenden Flutauen an vielen Stellen verbaut. Mein Bekannter Aonghus Ó hAlmhain, dessen Muttersprache Irisch ist, der aber auch perfekt berlinern kann, sagte mir, man hätte sich nur auf die irische Sprache besinnen müssen, um das zu verhindern. »In vielen irischen Ortsnamen ist die Warnung vor Überschwemmungsgefahr bereits enthalten. Die anglisierten Namen sind hingegen nichtssagend.« Der Ort Cloonbony zum Beispiel heißt auf Irisch Cluain boine – das bedeutet Flutaue. In Irland gibt es ein gutes Dutzend Gegenden namens Reask, Riesk oder Reisk. Wer nicht weiß, dass sie auf Irisch alle An Riask, also Sumpf, heißen, wird dort Häuser bauen. Und beim harmlosen Annagh kommt man auch nicht gleich drauf, dass sich dahinter Eanach verbirgt – Marschland.

Selbst bei ungekürzten Budgets fehlt den Iren das Geld, um alle gefährdeten Gegenden zu schützen. Dabei wäre es dringend nötig, denn Klimaforscher sind sich einig, dass sich das Zusammentreffen von Sturm, steigendem Meeresspiegel, Springfluten, starkem Regen und Tiefdruckgebieten künftig häufen und Orkane, die früher als Jahrhundertereignisse beschrieben wurden, sich viel öfter ereignen werden.

Den Bewohnern der Grünen Insel wird wohl nichts anderes übrig bleiben, als sich an manchen Stellen von ganzen Küstenstreifen zu verabschieden. Eine bittere Niederlage, denn der aktuelle Küstenverlauf konnte seit etwa zweitausend Jahren gegen die Fluten verteidigt werden. Doch inzwischen stellt die irische Umweltschutzbehörde tatsächlich Überlegungen an, in manchen Fällen den »geplanten Rückzug« von der Küste anzutreten. Das könne sich als die wirtschaftlichste Lösung erweisen, heißt es in einer Studie zu dem Thema, aber für die küstennahen Städte könne das natürlich nicht gelten. Hoffentlich auch nicht für Fanore, denn ich hänge an meiner neuen Heimat.

Die Behörde hat inzwischen festgelegt, dass künftig keine Häuser näher als hundert Meter vom Meer gebaut werden dürfen, und im Mündungsgebiet von Flüssen darf kein Land neu gewonnen werden. Unser Haus liegt zweihundertfünfzig Meter vom Meer entfernt. Doch wer kann sagen, wie lange noch?

Als Reaktion auf den großen Sturm von 2014 stellte die Regierung den Bezirksverwaltungen siebzig Millionen Euro zur Verfügung, um die Schäden an öffentlichen Gebäuden und Straßen zu beheben, viele Privatleute haben aber noch immer mit den Sturmschäden zu kämpfen, denn die wenigsten waren gegen Überschwemmungen versichert. Ein Makler erklärte mir, in einem solchen Fall könne man seine Versicherung nur ein einziges Mal in Anspruch nehmen, danach würde niemand einen mehr gegen Überschwemmungen versichern.

Michael McNamara, der Onkel meines Nachbarn Pat, lebte bis zu der großen Sturmnacht direkt am Atlantik in Doolin, die Küstenstraße von Lahinch hinauf, vorbei an den

Klippen von Moher, dem Wahrzeichen der Grafschaft. Bei ihm konnte in dieser Nacht von geplantem Rückzug keine Rede sein. McNamara hatte in den Achtzigerjahren einen Wohnwagen neben dem großen Parkplatz aufgestellt, und weil er irgendwann Gewohnheitsrecht hatte, konnte ihn die Bezirksverwaltung dort trotz einiger Versuche nicht mehr wegbekommen. Das schaffte schließlich der Orkan. McNamaras Neffe erzählte mir, der Sturm habe den Wohnwagen mitten in der Nacht vom Fundament gehoben und um ein paar Meter versetzt. Dabei sei der Wagen auseinandergebrochen, und der alte McNamara musste Zuflucht bei seinem Bruder im Dorf suchen. Das war sein Glück, denn der Parkplatz und die benachbarten Felder wurden noch in der gleichen Nacht unter Tonnen von Steinen begraben.

Auch viele der alten Steinmauern, die den Besuchern dieser Landschaft schon oft als Fotomotiv gedient haben, sind einfach umgefallen. Obwohl ihre Erbauer die Kunst beherrschten, die Trockenmauern so anzulegen, dass sie winddurchlässig sind, hatten sie keine Chance gegen diesen Orkan. Die Straße zum Hafen, die ich noch am Tag zuvor benutzt hatte, war nicht mehr befahrbar, der Sturm hatte metertiefe Löcher hineingerissen. Auch die Büros der Fährgesellschaften, vier Holzbaracken an der Pier, waren schwer beschädigt. Die Reedereien betreiben Fähren nach Inisheer, der kleinsten der Aran-Inseln, die nach der Sturmnacht noch kleiner ist, weil Teile von ihr im Meer verschwunden sind. Selbst die *Plassy*, ein riesiges Frachtschiff, das mit einer Ladung Whiskey an Bord bei einem Sturm 1960 leckgeschlagen war und auf die Insel gespült wurde, ist vom Orkan ein Stück versetzt worden.

Als Landwirt habe der Sturm ihn noch viel mehr als eine

Kuh gekostet, auch wenn man die immensen Schäden als Laie erst einmal nicht wahrnehme, erzählte mir mein Nachbar Pat: »Die Felder sind vom Meer überschwemmt worden, und wenn sich das Wasser zurückzieht, stirbt das Gras wegen des Salzes ab. Es dauert mindestens sechs Monate, bis das Land wieder zu gebrauchen ist, selbst weiter oben auf dem Berg. Es ist unglaublich, was für eine Zerstörungskraft Wasser hat.« Und doch braucht man es – um das schwarze Bier zu brauen, zum Beispiel.

Die versiegenden
Zapfhähne

M an kann meine kleine Lieblingskneipe leicht übersehen. Dabei gehört sie zu den schönsten an der irischen Westküste. Ó Loclainn's in Ballyvaughan liegt im
Norden des Burren, in einem Reihenhaus an der Küstenstraße. Tagsüber ist die grüne Tür geschlossen. Lediglich
die Whiskeyflaschen im Schaufenster und ein handgemal-
tes Schild in keltischen Buchstaben weisen auf ein Wirtshaus hin. Es ist ziemlich klein, dabei ist es 1998 erweitert
worden. Damals bauten Peter Ó Loclainn und seine Frau
Margaret ein kleines Hinterzimmer an, und Toiletten bekam
der Pub auch. Bis dahin waren die Männer auf die Wiese gegenüber gegangen. Für Frauen war es schwieriger. Wenn Peters Vater MacNeill Ó Loclainn, der den Pub damals führte,
sie mochte, durften sie die private Toilette in der Wohnung
im ersten Stock benutzen. Wenn nicht, hatten sie Pech.

Peter führt den Pub in fünfter Generation. Der 65-Jäh-
rige sammelt Whiskey, er besitzt vierhundert Sorten, für
seine Gäste hält er eine Auswahl von dreißig bis vierzig bereit. »Aber wenn wir von dem Laden leben müssten, hätten
wir ihn längst dichtgemacht«, erzählt mir der Pubbesitzer.

66

Er ist im Hauptberuf Bauer, Margaret ist Lehrerin. Deshalb machen sie den Pub erst abends um acht auf. »Wenn du kein Essen anbietest, kommt tagsüber sowieso niemand«, meint Peter. Vor ein paar Jahren wollte er nebenan ein Restaurant aufmachen, denn seine Frau ist auch ausgebildete Köchin. Doch die Behörde lehnte den Antrag ab. Nun führen die beiden den Pub in Gedenken an Peters Vater weiter. Geld wirft er schon lange nicht mehr ab, und von Peter erfahre ich, weshalb. Als Hauptgrund betrachtet der Gastwirt die Rezession, die Leute hätten ganz einfach kein Geld für den Pub, und auch die Auswanderung spiele eine Rolle. Seit der Krise 2008 haben rund fünfzigtausend Menschen die Insel verlassen, meist junge Leute. Noch mehr Einfluss auf den Rückgang der Kundschaft habe aber die Schließung der kleinen Polizeireviere auf dem Land. Weit über hundert haben während der letzten Jahre dichtgemacht. Abgesehen davon, dass vor allem ältere Menschen in Angst leben, weil nun die Kriminalitätsrate in den ländlichen Gebieten merklich ansteigt, hat das auch Folgen für die Pubs.

»Vor gar nicht langer Zeit hatten wir in Ballyvaughan ein Revier mit zwei Polizisten und einem Sergeant«, erzählt mir Peter. »Die kannten ihre Pappenheimer. Die Gäste kamen aus der Umgebung, einem Radius von fünf, sechs Kilometern. Die Polizisten drückten meist ein Auge zu, und wenn jemand zu betrunken war, fuhren sie ihn selbst nach Hause.«

Heutzutage gibt es mobile Truppen, die von der Grafschaftshauptstadt Ennis aus die ganze Gegend überwachen. »Die sind gnadenlos, und deshalb bleiben die Menschen lieber zu Hause«, sagt Peter. »Aber ein Pub ist ja nicht nur ein Ort, um Alkohol zu trinken, sondern man tauscht Geschichten aus und bleibt in Kontakt mit Menschen. Seit das immer schwieriger wird, vereinsamen vor allem alte Menschen auf dem Land, deshalb gibt es auch immer mehr Suizide.« Aber davon hätten die Herren in Leinster House, dem Parlamentsgebäude in Dublin, wohl keine Ahnung, fügt er hinzu.

Tatsächlich kämpfen die meisten der irischen Pubs um ihre Existenz. Seit 2005 ist ihr Umsatz um ein Drittel zurückgegangen. Im selben Zeitraum haben elf Prozent der Pubs für immer geschlossen – das sind vier pro Woche. Gewinner sind die Supermärkte. Wurden früher achtzig Prozent aller alkoholhaltigen Getränke in Gaststätten ausgeschenkt, ist es mittlerweile nicht mal die Hälfte. Der Gastwirtsverband ließ kürzlich verlauten, dass seit 2007 in seinem Bereich fünfzehntausend Jobs verloren gegangen seien. Falls die Regierung dem Druck der Troika nicht widerstehe, ständig die Alkoholsteuer zu erhöhen, werde sich das Pubsterben beschleunigen, warnte der Verband. Ein Pint, jenes Maß von 0,56 Litern, um das sich im Pub alles dreht, kostet heute zwischen vier und fünf Euro. Bei der hohen ländlichen Arbeitslosigkeit können sich das viele nicht mehr leisten.

»Ohne die Touristen sähe es noch schlechter aus«, glaubt Peter, und die Statistiken geben ihm recht. Siebzehn Prozent der Kundschaft irischer Pubs sind Besucher aus dem Ausland. Dabei haben die Ó Loclainns noch Glück, denn durch die Lage des Pubs in Ballyvaughan am nördlichen Ende des Burren ist zumindest im Sommer einiges los. Aber die Saison ist kurz, und im Winter ist man auch hier auf die Einheimischen angewiesen.

Noch vor wenigen Jahren gab es gut zehntausend Pubs auf der Insel, heute sind es gerade einmal siebentausendvierhundert, und die haben zusammen mehr als zwei Milliarden Euro Schulden, im Durchschnitt also zweihundert-siebzigtausend Euro pro Wirtshaus. Bei den Banken können sie auf kein Verständnis hoffen, im Gegenteil: Vielen wurde der Kreditrahmen gekürzt oder ganz gestrichen, während gleichzeitig die Gebühren stiegen.

2012 haben deshalb Hunderte von Gastwirten vor dem Parlament in Dublin protestiert. Sie verlangten mehr Unterstützung, zum Beispiel eine Senkung der Alkoholsteuer sowie die Aufhebung der Mehrwertsteuer für Kleinbusse, weil manche Pubbesitzer ihre Kunden zum Zapfenstreich nach Hause fahren. Die Regierung wies die Forderungen ab. Im Haushaltsplan wurde die Mehrwertsteuer auf Druck der Troika sogar um zwei Prozent erhöht.

Etwas besser sieht es in den Städten aus. Erstens gibt es dort mehr junge Leute, die abends gerne weggehen, und zweitens kann man den öffentlichen Nahverkehr benutzen. In Dublin haben zum Beispiel seit 2007 nur fünfzig Kneipen schließen müssen, siebenhundertdreißig sind noch übrig. »Wir werden überleben«, verspricht mir Michael Hedigan, der Eigentümer des Pubs »The Brian Boru« im Nord-Dubliner Stadtteil Phibsborough. Das höre ich gern, denn das Brian Boru ist meine Stammkneipe, wenn ich in der Hauptstadt bin. Auch in Hedigans Pub ist der Umsatz während der Rezession zurückgegangen, aber wenigstens hat man vor der Tür eine Bushaltestelle, und nachts muss man nie länger als zwei Minuten auf ein Taxi warten.

Doch dafür hat man in Dublin mit größerer Konkurrenz zu kämpfen. Tritt man aus dem Brian Boru auf die Straße, findet man im Umkreis von zweihundert Metern sieben weitere Pubs. Man müsse sich also anstrengen, gibt Hedigan zu, doch das bereitet keine großen Schwierigkeiten, denn sein

Pub bietet einige Pluspunkte: einen Biergarten, Mahlzeiten bis in den Abend, Räumlichkeiten mit eigener Bar im ersten Stock für Privatpartys oder Musikveranstaltungen, eine Großleinwand für Sportübertragungen, einen Wintergarten und ein Separee, in das man sich zurückziehen kann. »Und der Glasnevin-Friedhof, Irlands größter Friedhof, liegt gleich um die Ecke«, sagt Hedigan. »So haben wir oft Trauergesellschaften zu Gast.«

Selbst einen Eintrag in die Literaturgeschichte verzeichnet das Brian Boru: James Joyce erwähnt den Pub in seinem *Ulysses*, als seine Hauptfigur Leopold Bloom ein Begräbnis besucht.

»Der größte Fehler, den die Regierung gemacht hat, war die Aufhebung des Verbots, Alkohol unter dem Einkaufspreis zu verkaufen«, resümiert Hedigan. »Seitdem ist das Bier im Supermarkt billiger als Cola.« Und das wirke sich auch auf die Trinkgewohnheiten aus. »Die jungen Leute glühen jetzt zu Hause mit Supermarktgetränken vor, bevor sie ausgehen. Und auf dem Land ist es noch schlimmer. Früher gingen die Männer in den Pub, um sich zu unterhalten oder Karten zu spielen. Dabei tranken sie vielleicht zwei oder drei Pints. Heute sitzen sie mit einer Flasche Whiskey zu Hause, und im Handumdrehen ist die halbe Flasche leer.«

Die Polizeireviere werden immer weniger, in den vergangenen zehn Jahren haben sechshundert Landpostämter dichtgemacht, und nach und nach verschwinden auch die Pubs. Und mit ihnen werde auch die irische Gabe der Erzählkunst verschwinden, glaubt mein Stammwirt vom Burren, Peter Ó Loclainn. »Und was sollen Touristen machen«, fragt mich Peter, »die durchs Land fahren und unterwegs mal ein Sandwich essen und eine Tasse Tee trinken wollen? Die Pubs stehen ganz oben auf der Liste, wenn man Touristen fragt, was sie an Irland attraktiv finden. Und unser Wirtshaus gehört zu den attraktivsten in der Gegend. Das soll so bleiben.«

Die Insel des
Nobelpreisträgers

Es ist nun Zeit, den Burren zu verlassen. Wir tun das, indem wir dem Wild Atlantic Way gen Norden folgen, um die Bucht nach Galway, der größten Stadt im Westen der Insel.

In Galway ist der Buchstabe »g« der Inbegriff für das neue Irland geworden – in Form von »The g«, einem Fünfsternehotel, das vom Hutmacher Philip Treacy entworfen wurde. »Es verbindet zeitgemäßes Design mit traditionellen Stilelementen«, heißt es in der Werbebroschüre. Das Hotel hat etwas von dem altmodischen Hollywood-Zauber. Als ich ihm kurz nach seiner Eröffnung einen Besuch abstattete, kam ich mir vor, als liefe ich durch ein glamouröses Puppenhaus. Die Rezeption mit schwarzen Glaswänden, einem Aquarium mit Seepferdchen und venezianischem Putz erinnert an eine Muschel. Einen Wellnessbereich gibt es natürlich auch. Im Salon glitzern Tausende von Swarovski-Kristallen. Dass man so etwas aus einem ehemaligen Bürohaus machen kann! Treacys Muse, das Supermodel Linda Evangelista, überredete ihren Freund, ihr einen Raum zu widmen. Wer in das Bett im Linda-Evangelista-Zimmer schlüpfen will, muss zweitausend Euro die Nacht berappen. Ohne Evangelista.

Galways Innenstadt, ein lebhaftes Zentrum mit Einkaufsstraßen, einem Wochenmarkt und zahllosen Musikpubs, liegt nur zehn Minuten zu Fuß vom Luxushotel entfernt. Für Musikliebhaber ist das Róisín Dubh in der Dominic Street die erste Adresse: ein großer, verwinkelter Pub mit Wänden aus unbehauenem Stein. Durch Holzbalustraden ist der Raum in viele kleine Nischen unterteilt. In der einen gibt es einen Kamin, in der anderen ein Bücherregal. Die Livemusik spielt im vorderen Teil. Eine richtige Bühne mit professioneller Verstärkeranlage verleiht ihr allerdings einen eher offiziellen Charakter.

Wer Muscheln mag, sollte im September nach Galway kommen, denn dieser Monat gehört im Westen der Auster. Erst veranstalten sie in Galway ein Austernfestival und danach im wenige Kilometer südlich gelegenen Clarinbridge. Die Auster, früher ein Arme-Leute-Essen, ist inzwischen eine fast schon rare Delikatesse. Die Natur kommt mit der Produktion kaum nach. In der Bucht von Galway ist die Austernfischerei mit dem Schleppnetz nur noch an einem einzigen Tag im Jahr erlaubt, um die Bestände zu erhalten. Und die großen Austernbänke an der Mündung des Colgan liefern sehr langsam, denn pro Jahr nehmen die wertvollen Masttiere nur etwa zehn Gramm zu. Ich esse sie am liebsten, wenn sie »à la Rockefeller« zubereitet sind – also mit einer Spinatmasse überbacken. Gourmets schütteln sich vermutlich bei dieser Vorstellung.

Westlich von Galway geht es nach Connemara und weiter nach Clifden. »Clifden ist eine kleine, saubere Stadt mit Steinhäusern und einer einzigen breiten Hauptstraße«, schrieb der englische Reiseschriftsteller Henry Vollam Morton 1930, und das gilt auch heute noch. »Der Hügel, auf dem die Stadt steht, neigt sich einem Meeresarm zu, der direkt auf den Atlantik und nach Amerika zeigt.« Clifden gilt als Hauptstadt Connemaras. Das Quay House befindet sich direkt am Hafen. Es ist das älteste Haus am Ort und wurde 1820 für den Hafenmeister gebaut. Später zogen die Franziskaner ein, dann wurde es zu einem Nonnenkloster und schließlich zu einem gemütlichen Hotel mit Kaminen und antikem Mobiliar.

Connemara gehört, nach dem Burren, zu den schönsten Gegenden der Grünen Insel. Es ist eine Landschaft voller Kontraste: zerklüftete Berge, tiefe Seen, felsige Küstenstriche und lange Sandstrände. Im Frühling und im Sommer, wenn die Wildblumen blühen, ist Connemara bunt, im Herbst wechseln die Farben, die Torfmoore werden kastanienbraun. Wer die Ruhe und Einsamkeit sucht, kommt im Winter, muss aber auf das Wetter vorbereitet sein. »Wie es in Irland regnen kann«, wunderte sich Morton. »Stunde um Stunde fällt der Regen in übertriebener Begeisterung als großes Bettlaken vom Himmel.« Um bei der Wahrheit zu bleiben: Es regnet zwar oft in Irland, aber selten lange. Windig ist es allerdings fast immer.

Wir fahren von Clifden weiter in Richtung Norden. Folgt man nach wenigen Kilometern einem kleinen Abzweig nach links, gelangt man nach Cleggan. Dort legt die *Queen* ab, eine Personenfähre. Die Überfahrt zur Insel Inishbofin dauert eine halbe Stunde, die Einfahrt in den Naturhafen ist alleine schon die Reise wert. Rechts an der Hafeneinfahrt ragt die Ruine einer spanischen Piratenburg aus dem 16. Jahrhundert auf, darunter ziehen sich lange Sandstrände hin. Der Name der Insel stammt vom irischen Inis Bó Finn – die »Insel der weißen Kuh«. Er geht auf die Legende von zwei Fischern zurück, die auf der Insel einer alten Frau begegneten. Sie schlug auf ihre Kuh ein und verwandelte das Tier dadurch in einen Felsen. Als die beiden Fischer eingreifen wollten, wurden sie von der Frau ebenfalls versteinert.

Das Auto kann man nach Inishbofin nicht mitnehmen, man braucht es auch nicht. Day's Pub liegt nur zweihundert Meter von der Pier entfernt, gleich neben Day's Hotel. Weiter bin ich nie gekommen. Bis man 1992 die neue Pier gebaut hatte, befand sich die Bootsanlegestelle direkt vor der Tür des Wirtshauses. Die Abende bei Day's mit traditioneller Musik sind legendär, eine Sperrstunde gibt es nicht, denn der nächste Polizist, der sie überwachen könnte, lebt auf dem Festland. Der Tresen ragt wie ein Schiffsbug in den Gastraum hinein, überall hat man Bootsutensilien aufgehängt. Im linken, etwas höher gelegenen Teil des Pubs steht ein Billardtisch für die Inseljugend.

Aber heute bin ich wegen der Musik hier – drei Geigen, ein Knopfakkordeon und ein Banjo. Zwischendurch, wenn er nicht zapfen muss, singt der Wirt ein Lied. Doch er muss viel zapfen an diesem Abend, erst spät in der Nacht macht der Pub schließlich dicht, und ich sinke nebenan im Hotel ins Bett.

Die Rückfahrt am nächsten Morgen ist stürmisch, doch der Wind vertreibt den Restalkohol. Eigentlich bin ich auf dem Weg zu einer anderen Insel: Achill. Von Cleggan führt der Wild Atlantic Way zunächst nach Osten und biegt dann nach Norden Richtung Delphi ab. Hier spielte sich Mitte des 19. Jahrhunderts eine Tragödie ab. 1849 war bereits das fünfte Jahr der Hungersnot in Irland. Am 30. März erwarteten Notleidende in Louisburgh die Ankunft von zwei britischen Regierungsbeamten, Colonel Hogrove und Captain Primrose. Deren Aufgabe war es, den Hungernden »Armutsbescheinigungen« auszustellen, die zum Bezug von drei Pfund groben Mehls berechtigten.

Aus welchem Grund die Bescheinigungen nicht ausgestellt wurden, ist nicht überliefert. Den sechshundert Menschen, die aus dem Umland nach Louisburgh gekommen waren, teilte man jedenfalls mit, sie sollten sich um sieben Uhr am nächsten Morgen am Delphi-Haus einfinden, der Anglerhütte des Marquis von Sligo am See mit Namen Doo Lough, wo sie von den Sonderbeauftragten der Regierung Hilfe bekommen würden. Ein Drittel der Gruppe musste in Louisburgh zurückbleiben: Die Menschen waren von Hunger und Kälte schon zu geschwächt, ihr Überlebenswille war gebrochen.

Die Übrigen machten sich barfuß und nur notdürftig bekleidet auf den zehn Meilen langen Marsch, gerieten unterwegs in einen Schneesturm und trafen erst am nächsten Mittag am Delphi-Haus ein. Die Regierungsbeamten waren gerade beim Dinner und wollten nicht gestört werden. Nachdem sie gespeist hatten, schickten sie die verzweifelte Gruppe weg, ohne irgendwelche Hilfe gewährt zu haben. In seinen Aufzeichnungen beschreibt James Berry aus Louisburgh, wie die bis auf die Knochen abgemagerten Menschen auf dem Rückweg am Straßenrand starben. Wie viele es waren, ist nicht bekannt, doch in lokalen Überlieferungen ist von Hunderten die Rede. Am Silver Strand im nahe gelegenen Killadoon gibt es heute noch einen kegelförmigen Grabhügel, wo man damals die Toten aufgeschichtet hat, weil die Angehörigen zu entkräftet waren, um die Leichen zu begraben.

Ich habe rund hundertfünfzig Jahre später einen Gedenkmarsch mitgemacht, dessen Bilder nun immer vor mir auftauchen, wenn ich die Gegend um Delphi passiere. Zu den Ehrengästen gehörten damals der Schauspieler Gabriel Byrne, der australische Enthüllungsjournalist John Pilger, dessen Ururgroßvater 1821 wegen einer Rebellion gegen die englische Herrschaft in Irland zu vierzehn Jahren Zwangsarbeit verurteilt und nach Australien deportiert wurde, sowie Gary White Deer vom Indianervolk der Choctaw aus Oklahoma. Die Choctaw haben einen Ehrenplatz im kollektiven Gedächtnis Irlands: Als damals die Nachricht von der Hungersnot ins ferne Oklahoma drang, schickten die Choctaw, denen es selbst nur wenig besser ging, hundertsiebzig Dollar nach Irland – eine beträchtliche Geldsumme für damalige Zeiten.

Am Rande des Gedenkmarsches spielten Amateurschauspieler die grauenhaften Szenen nach, die sich damals ereignet haben müssen: Zwei Frauen und ein Mann trugen eine Frauenleiche ans Ufer des Sees, auf einem Hügel saß eine schwarz gekleidete Frau und wiegte ihr totes Kind im Arm. Die Straße führte die Teilnehmer des Marschs durch die atemberaubende Landschaft des Doo-Lough-Tals. Die Felder waren mit Steinen und Felsbrocken übersät, dazwischen weideten ein paar Schafe, hin und wieder waren Torfsoden in langen Bahnen zum Trocknen ausgelegt. Im Tal leben nur noch wenige Menschen.

Die sechzehn Kilometer nach Louisburgh zogen sich scheinbar endlos hin, manche fielen weit zurück oder ließen sich von Begleitbussen ein Stückchen mitnehmen. Als nach vier Stunden endlich das Ortsschild von Louisburgh auftauchte, waren viele der Marschteilnehmer fix und fertig. Dabei hatten sie belegte Brote und Getränke dabei, feste Schuhe an den Füßen, und außerdem schien die Sonne. Wie müssen sich die hungernden Menschen damals gefühlt haben, als sie den Nachbarn, die Freundin, den Verwandten tot am Straßenrand zurücklassen mussten.

Von Louisburgh ist es nur ein Katzensprung zum Croagh Patrick, Irlands heiligem Berg. Jedes Jahr am letzten Sonntag im Juli ruft er die Sünder zur Buße, und mit bis zu sechzigtausend Pilgern ist immerhin ein kleiner Teil auch zur Stelle. Doch auf meiner Fahrt nach Achill lasse ich diesen Ausflug aus. Erstens ist es nicht Juli, und zweitens war ich bereits drei Mal auf dem Croagh Patrick, und jedes Mal fiel mir der Aufstieg schwerer.

Ich nähere mich über Westport, Newport und Mallaranny meinem Ziel. Von Mallaranny führt die Michael-Davitt-Drehbrücke über den schmalen Sund, den Achill Sound, nach Achill Island, die mit hundertzweiundvierzig Quadratkilometern größte Insel vor der Küste Irlands.

Der Besuch dieser Insel ist für mich mit Erinnerungen verbunden. Das letzte Mal war ich im März 1992 auf Achill. Damals wurde das Cottage von Heinrich Böll als Schriftstellerzentrum eingeweiht, und es waren auch einige Protagonisten aus Bölls *Irischem Tagebuch* dabei. Die junge Arztfrau zum Beispiel.

»Um sich abzulenken, hat die junge Arztfrau angefangen zu stricken, aber bald schon hat sie Nadel und Wollknäuel in die Sofaecke geworfen«, heißt es im Kapitel »Die schönsten Füße der Welt«. Böll beschreibt, wie die Frau voller Sorge auf ihren Mann wartet, der mitten in der stürmischen Nacht zu einer Schwangeren ins Haus an den Klippen am anderen Ende der Insel gerufen wurde. Nach vielen Stunden des Wartens sieht sie endlich den Lichtkegel und hört das Motorengeräusch des Wagens. Der Arzt kehrt mit dem Honorar zurück, einem »riesigen Kupferkessel, der von der Armada stammen soll«.

Fünfunddreißig Jahre später, zur Eröffnung des Böll-Hauses, erzählte mir Clodagh King, die inzwischen nicht mehr ganz so junge Arztfrau, dass sich die Szene genau wie von Böll geschildert abgespielt habe. Mit einer Ausnahme: »Den Kupferkessel gab es nur in seiner Vorstellung. Wahrscheinlich steht er symbolisch für irgendetwas, vielleicht wollte er damit meinem Mann ein Denkmal setzen.« Der Mann, Edward King, ist 1983 gestorben, und auch Clodagh King lebt nicht mehr. Sie starb 1995.

Diesmal treffe ich ihren Sohn, der wie sein Vater Edward King heißt und ebenfalls Inseldoktor ist. »Das Haus, zu dem mein Vater damals wegen der Geburt gerufen wurde, steht immer noch«, erzählt er mir, »aber es wird heute als Viehstall genutzt. Das Leben hier hat sich seitdem sehr verändert. Mein Vater war damals einer der wenigen Inselbewohner mit Telefon, und wenn er unterwegs war, konnte niemand ihn kontaktieren.«

Nachdem das *Irische Tagebuch* erschienen war, schickte Böll den Kings ein Exemplar. »Es dauerte aber zwei Jahre, bis meine Eltern herausfanden, dass sie darin verewigt sind«, erzählt mir der Sohn. »Ein Deutscher, den sie zufällig getroffen hatten, übersetzte ihnen das Kapitel.«

King ist ein freundlicher, schlanker Mann mit grauen Schläfen. Er ist auf Achill aufgewachsen, hatte aber eigentlich nicht vor, sein Leben auf der Insel zu verbringen. »Nachdem mein Vater gestorben war, kam ich aus Dublin zurück und wollte sechs Monate bleiben«, sagt er. Nun steht er kurz vor der Pensionierung und ist immer noch hier. Er zuckt die Achseln. »Es ist einfach ein großartiger Ort zum Leben und zum Arbeiten. Wir tun hier viel mehr als normale Allgemeinärzte. Das nächste Krankenhaus ist sechzig Kilometer entfernt, sodass wir auch kleinere Operationen machen müssen.«

King wohnt in Keel, und dort hat er auch seine Praxis. Als Heinrich Böll das erste Mal nach Achill kam, wohnte er ebenfalls in Keel – in der Pension Bervie House. »Mein Vater und Heinrich Böll waren fast gleichaltrig«, erzählt King. »Sie waren sich im Bervie begegnet und freundeten sich an. Ich spielte oft mit René Böll, auch wir waren gleichaltrig.«

Wie ist Böll überhaupt nach Achill gekommen? Schon bei meinem ersten Besuch auf der Insel hatte mich diese Frage interessiert. Bei einem Treffen mit Bölls Sohn René war ich ihr nachgegangen.

»Mein Vater ist 1954 zum ersten Mal durch Irland gereist und durch einen Bekannten auf Achill aufmerksam gemacht worden«, erzählte mir René Böll damals. »Wir sind dann ab 1955 zwei oder drei Jahre im Sommer nach Achill gekommen und ein paar Monate geblieben. Wir waren zuerst in Keel, dort hat mein Vater auch das *Irische Tagebuch* geschrieben. Dann haben wir 1958 das Haus in Dugort gekauft.«

Ursprünglich bestand es lediglich aus einem winzigen Cottage und einem Schuppen mit Garage im Hof. Böll hat den Schuppen und die Garage zu drei kleinen Zimmern ausbauen und eine Verbindung zum Cottage errichten lassen, sodass das Gebäude nun hufeisenförmig ist. In der ehemaligen Garage steht noch heute sein Schreibtisch – eine Holzplatte auf zwei Böcken – mitsamt Holzstuhl. »Einige seiner Romane sind an diesem Schreibtisch entstanden«, erzählte mir René Böll. »Ich weiß allerdings nicht, welche. Er sagte, er hätte hier immer am besten arbeiten können.« Als das Haus für Schriftsteller eingeweiht wurde, habe ich mich auf den Holzstuhl gesetzt und ein Foto von dem Blick gemacht, den Böll hatte, als er am Schreibtisch saß – als Inspiration. Vielleicht konnte er aber auch deshalb so gut arbeiten, weil es keine Ablenkung gab: Der Blick durchs Fenster auf einen grünen Hang ist eher langweilig.

Doch zurück zu meinem heutigen Ausflug auf die Insel und meinem Treffen mit dem Arztsohn King, von dem ich wissen möchte, wie es inzwischen um das Böll-Haus steht. »Meine Mutter war sehr involviert bei der Umwandlung des Hauses ins Schriftstellerzentrum«, erzählt er mir. »Die Grafschaftsverwaltung von Mayo unterstützt das Projekt. Künstler und Schriftsteller können hier für jeweils zwei Wochen arbeiten. Und die Warteliste ist lang.«

Böll sei früher oft in Dugort gewesen, sagt King. »Später, nachdem er den Literaturnobelpreis gewonnen hatte, kam er nur noch selten. Er war ein angenehmer Mensch. Sein Englisch war nicht besonders gut, im Gegensatz zu dem seiner Frau, sie beherrschte es perfekt. Die beiden waren auf der Insel sehr beliebt. Sie gingen oft auch bei Wind und Regen spazieren und jeden Sonntag pünktlich um elf zur Messe.«

Besucht man die Insel, ist es zunächst die von der Küstenwitterung geprägte Landschaft, die ins Auge fällt. Achill scheint nur aus Klippen, Heide und Moor zu bestehen, siebenundachtzig Prozent der Insel sind von Torfmooren bedeckt. Die wenigen Bäume wachsen wegen der stürmischen Atlantikwinde in einem Winkel von fünfundvierzig Grad aus dem Boden. Viele Häuser haben flache Dächer, weil in den Fünfzigerjahren Beton billig war. Sie sind zwar gut gegen die Stürme gewappnet, aber innen sehr feucht.

Auch einen Strandbesuch sollte man einplanen, denn Achill hat einen der schönsten Strände Irlands: Keem Bay liegt im äußersten Westen der Insel, die Bucht ist eingebettet zwischen Bergen. Allerdings muss man abgehärtet sein, um hier zu baden, denn selbst im Sommer ist das Wasser recht kalt. Am südlichen Ende der Keem Bay, hoch oben auf dem Moytoge Head, stehen die Überreste einer britischen Wachstation aus dem Ersten Weltkrieg, durch die Waffenlieferungen an die IRA, die Irisch-Republikanische Armee, verhindert werden sollten.

Im 19. Jahrhundert gehörten die Bucht von Keem und weite Teile der Insel Charles Boycott, der sich den militärischen Titel »Captain« selbst verliehen hatte. Er war keineswegs ein brutaler Landherr, aber im Zuge der Landkriege kam auch er nicht ungeschoren davon. Auf dem Festland in Mayo, wo er 1874 mehr als zweihundertfünfzig Hektar Land samt einem stattlichen Herrenhaus gepachtet hatte, liefen

ihm die Angestellten davon, sodass er die Ernte nicht ein-
bringen konnte. Er musste schließlich aufgeben und nach
England ziehen, wo er 1897 starb. Aber sein Name blieb: Boycott ist der Namensgeber für den Begriff »boykottieren«.

Gegen Ende des 19. Jahrhunderts gab es sogar eine Eisen-
bahnverbindung nach Achill, sie wurde 1894 eingeweiht.
Der erste Zug transportierte die Leichen von zweiunddreißig
Menschen zurück auf die Insel, die sie erst kurz zuvor verlassen hatten. Sie waren in der Bucht ertrunken, als das Schiff,
das sie von Achill nach Westport bringen sollte, unterwegs
kenterte. Die jungen Leute wollten von Westport weiter nach
Schottland, um bei der Kartoffelernte zu helfen – ein übli-
cher Sommerjob für junge Insulaner. Auch der letzte Zug,
der auf der Strecke nach Achill fuhr, bevor sie 1937 stillge-
legt wurde, transportierte Leichen: Zehn junge Männer aus
Achill waren bei einem Feuer in einer Scheune in Kirkintil-
loch in Schottland ums Leben gekommen. Auch sie hatten
dort als Erntehelfer gearbeitet und wurden zurück auf die
Insel gebracht, um dort ihre letzte Ruhe zu finden.

Auf Achill Island leben rund zweieinhalbtausend Menschen.
Wie viele Schafe es gibt, ist mir nicht bekannt, aber es sind
eine Menge. Sie laufen frei auf der Insel herum, und manchmal machen sie es sich auf der Straße bequem. Wer mit dem
Auto unterwegs ist, muss sich darauf einstellen.

Schon vor mehr als fünftausend Jahren war Achill besiedelt, davon zeugt ein Megalithgrab. Fährt man vom Böll-
Haus in Richtung Slievemore, mit 672 Metern der zweit-
höchste Berg auf Achill, kommt man an einem unschein-
baren Schild vorbei: »Megalithic Tomb«. Es weist auf einen
schmalen, überwucherten Pfad hin, der zwischen zwei Häu-

sern hinaufführt. Nach einer Weile endet der Weg an einer großen Wiese. Wenn man genau hinschaut, sieht man in etwa zweihundert Meter Entfernung eine Steinplatte, die von zwei keilförmigen Steinen gestützt wird. Kein Schild, keine Hinweistafel erklärt dem Unwissenden die Bedeutung dieses Megalithgrabs. In Kerry im Südwesten sind die Leute geschäftstüchtiger. Dort hätte man längst ein Besucherzentrum mit Café gebaut und Eintritt für die Besichtigung der prähistorischen Grabstelle verlangt.

Ein Stück weiter die Straße entlang stößt man auf das »Skelett einer menschlichen Siedlung«, wie Böll es nannte: »Alles, was nicht Stein war, weggenagt von Regen, Sonne und Wind – und von der Zeit, die geduldig über alles hinträufelt.«

Es müssen mehr als hundert Häuser sein, die am Südhang des Slievemore an einer relativ geschützten Stelle liegen. Nur die Mauern und Giebel sind noch übrig. Es sind winzige Gebäude, die entlang eines anderthalb Kilometer langen Weges angeordnet liegen. »Niemand wusste genau zu berichten, wann und warum das Dorf verlassen worden war«, schreibt Böll. War es die Hungersnot Mitte des 19. Jahrhunderts? Oder hatten die Gebäude von vornherein nur als eine Art Sommerhäuser gedient?

Zuletzt wurde das Dorf im frühen 20. Jahrhundert jedenfalls als »Booley«-Behausung genutzt. Laut *Webster's Dictionary* von 1828 ist ein Booley jemand, »der sich nicht niedergelassen hat, sondern mit seiner Herde von Ort zu Ort wandert und sich von deren Milch ernährt wie die Tataren«. Das Dorf wurde im Sommer bewohnt, wenn das Vieh an den Berghängen weidete. Im Winter kehrten die Menschen in ihre Häuser in den Dörfern an der Clew Bay zurück.

In dieser Bucht liegen 365 Inseln – eine für jeden Tag im Jahr, so sagt man. Zur elisabethanischen Zeit hat die Piratenkönigin Gráinne Mhaol – oder englisch: Grace O'Malley – die Bucht unsicher gemacht. Einer ihrer Stützpunkte war der Kildavnet Tower im Südosten von Achill, nur einen Steinwurf entfernt von einer recht hässlichen Bronzestatue eines anderen Inselhelden: Johnny Kilbane, der von 1912 bis 1923 Boxweltmeister im Federgewicht war.

Der dreistöckige Kildavnet-Turm ist gut erhalten, direkt am Ufer erhebt er sich zwölf Meter in die Höhe. Von hier aus konnte Gráinne Mhaol den Achill Sound und Teile der Clew Bay gut überwachen. Schiffe, die diese Gewässer durchqueren wollten, mussten Abgaben entrichten. Gráinne Mhaol wurde nicht zuletzt deshalb von ihren Landsleuten bewundert, weil ihre Piraterie die Autorität der britischen Regierung untergrub. Die Piratin war dreist genug, nach London zu segeln und von Königin Elisabeth I. eine Audienz zu verlangen, die ihr auch gewährt wurde. Gráinne Mhaol wurde dreiundsiebzig Jahre alt. Der Name O'Malley ist auf Achill heute noch sehr verbreitet.

Der Hauptstützpunkt der Seeräuberkönigin lag auf Clare Island, der drittgrößten irischen Insel am Eingang der Clew Bay. Heute leben noch rund hundertfünfzig Menschen auf dem Eiland, bis zur Hungersnot waren es tausendfünfhundert. Edward King kennt die Insel gut. »Es gibt drei Ärzte auf Achill«, sagt er. »Wir bedienen Clare Island mit, und auch Inishbiggle vor der Nordostküste Achills.« Dort leben allerdings nur noch zwanzig ältere Menschen, ihre Umgangssprache ist Irisch. Im Winter sind sie bisweilen abgeschnitten, denn zwischen Inishbiggle und Achill herrscht eine der stärksten Strömungen in Europa.

Zum Abschied erzählt mir King, dass Heinrich Böll ihn auch heute nicht loslässt, in seiner Freizeit beschäftige er sich noch immer viel mit dem Schriftsteller. »Das letzte Mal habe ich ihn zum Begräbnis meines Vaters gesehen«, sagt er. »Aber jeden Mai findet auf Achill die Böll-Gedenkwoche statt, an der bis zu hundert Menschen teilnehmen. Wir veranstalten Workshops und Wanderungen. Es geht uns darum, die Erinnerung an ihn wachzuhalten. So gibt es auch einen Essay-Wettbewerb an den Schulen. Um daran teilzunehmen, müssen die Schüler das *Irische Tagebuch* lesen.«

Von den Ogoni
lernen

Von Achill scheint es nur ein Katzensprung nach Rossport, wenn man es auf der Landkarte betrachtet: geradeaus nach Norden, und im Handumdrehen ist man dort. Je weiter nordwärts ich jedoch fahre, desto bewusster wird mir mein Irrtum. Wer in diesen letzten Winkel der Grafschaft Mayo will, braucht Geduld. Die Straßen werden immer schmaler, öffentliche Verkehrsmittel sind rar, wer von Achill mit dem Bus nach Rossport will, muss zwei Mal umsteigen und benötigt für die knapp achtzig Kilometer einen Tag und eine Stunde.

Selbst Touristen sind in dieser Gegend selten, obwohl es hier so aussieht, wie man sich Irland vorstellt: braunes Moor, das unter Naturschutz steht, und grüne Hügel, die sanft ins Meer abfallen. Doch plötzlich wird das idyllische Bild unterbrochen. Ein Störenfried hat sich in Rossport breitgemacht: Shell. Der Ölmulti hat sich hinter hohen Mauern, hinter denen manchmal Drohnen aufsteigen, um mögliche Demonstranten aufzuspüren, in dieser schönen Gegend eingenistet. Ende des vorigen Jahrhunderts hat man nämlich achtzig Kilometer vor der Küste ein großes Gasfeld entdeckt – das

Corrib-Gasfeld. Und das will Shell ausbeuten. Doch es regt sich lokaler Widerstand.

Ich bin auf dem Weg zu einem der Bauern, die das Projekt verhindern wollen. Unterwegs verfahre ich mich, und beim Wendemanöver auf der winzigen Straße rutscht das Vorderrad meines Wagens in einen Graben. Keine Chance, dort ohne Hilfe herauszukommen. Nach einer Weile fährt zufällig jemand auf einem Traktor vorbei und befreit mein Auto aus der misslichen Lage. Danach stellt er sich vor: Willie Corduff – der Bauer, den ich gesucht habe. Er lädt mich auf eine Tasse Tee in sein Haus ein, das am anderen Ende der kleinen Straße liegt.

»Wir sind nie mit der Polizei in Konflikt geraten«, beginnt er seinen Bericht, als wir beim Tee zusammensitzen, und schüttelt entschieden den Kopf. »Aber als wir sie brauchten, hat sie uns im Stich gelassen. Nun müssen wir auch gegen Staat und Gesetz kämpfen.«

Corduff ist siebenundfünfzig, er hat ein freundliches, rundliches Gesicht und trägt seine Tweedmütze auch im Haus. Er sei Bauer, sagt er und lacht: »Wenn ich das Ausländern erzähle, schauen sie mich mitleidig an. Ich besitze acht Hektar Moorland. Wir haben eine Milchkuh, ein paar Hühner und Enten. Mein Vater hat so gelebt und mein Großvater auch.« Die kleine Farm liegt direkt am Sruwaddacon-Meeresarm.

»Es ist schwer für uns, in dieser Gegend zu überleben«, sagt Willies Frau Mary, die sich inzwischen zu uns gesellt hat. »Shell versprach, unsere Situation zu verbessern. Dann haben sie Pullover und Mützen mit dem Corrib-Gas-Logo verteilt. Sie haben den Leuten in einsam gelegenen Häusern

Handys geschenkt. Sie streichen die Sozialbauhäuser an, obwohl die Bewohner sie nicht darum gebeten haben.«

Shell will eine Hochdruckleitung vom Corrib-Gasfeld im Atlantik zu der bereits gebauten Raffinerie an Land legen. Es ist die größte Raffinerie dieser Art in Europa, sie ist gesichert wie eine Festung. Die Gasleitung sollte zunächst bei Rossport über die Grundstücke der Corduffs und vier weiterer Familien verlaufen, keine siebzig Meter von ihren Häusern entfernt. Die Regierung hatte das abgesegnet und Shell ohne gesetzliche Grundlage bevollmächtigt, die Grundstücksbesitzer zu enteignen.

Doch Willie Corduff, Micheál Ó Seighin, James Philbin und die Brüder Philip und Vincent McGrath verweigerten dem Ölkonzern den Zugang zu ihrem Land. Deshalb wurden sie 2005 in Beugehaft genommen, eigentlich auf unbestimmte Zeit. Während die Männer einsaßen, blockierte eine täglich wachsende Menschenmenge den Bauplatz, vor Shell-Tankstellen fanden Demonstrationen statt. Ein Boykottaufruf zeigte schließlich Wirkung. Owens Wiwa, der Bruder des ermordeten nigerianischen Anti-Shell-Aktivisten Ken Saro-Wiwa, war extra angereist. »Der Mut der fünf Männer ist eine Inspiration für das Volk der Ogoni, dessen Umwelt durch Shell zerstört worden ist«, sagte er damals.

Schließlich zog der Konzern seine Klage zurück, nach dreiundneunzig Tagen kamen die fünf Männer wieder frei. Der Imageschaden des Ölmultis war so groß, dass Shell und die norwegische Statoil, die ebenfalls an dem Corrib-Projekt beteiligt ist, ihre irischen Tankstellen in »Topaz« umbenannten. Die Streckenführung für die Gasleitung ist seitdem vier Mal verändert worden, immer ein Stückchen weiter weg von den Häusern. Jetzt soll sie durch das geschützte Moor führen. Die Kampagne »Shell to Sea« kämpft weiter dagegen.

»Wir sind eine kleine Gemeinschaft«, erzählt mir Corduff, »und Shell ist hier eingedrungen und hat sie zerstört. Sie haben falsche Versprechungen gemacht und erzählen Lügen. Sie haben die Regierung in die Irre geführt, die Polizei und unsere Gemeinde. Sie haben versucht, Nachbarn gegeneinander aufzuhetzen. Es ist leicht, eine arme Gemeinde zu spalten. Einige von uns haben ihnen geglaubt und ihre Almosen genommen. Aber was haben Ölmultis je für eine Bevölkerung getan?«

Diese Frage kann ich ihm nicht beantworten, sicher ist aber, dass die irischen Regierungen eine Menge für die Ölmultis getan haben. 1992 hat man die Gesetze zu ihren Gunsten geändert. Der damalige Justizminister Ray Burke, der später wegen Korruption zu sechs Monaten Gefängnis verurteilt wurde, setzte durch, dass die Konzerne die Öl- und Gasfelder unter irischen Gewässern zu hundert Prozent besitzen dürfen. Sie müssen keine Lizenzgebühren zahlen, sie können das Öl und Gas exportieren, sie dürfen es an den irischen Staat zum vollen Marktpreis verkaufen. Darüber hinaus müssen sie nur fünfundzwanzig Prozent Steuern auf Profite zahlen und dürfen ihre Kosten zu hundert Prozent abschreiben, selbst wenn sie im Ausland entstanden sind. Obendrein befreite man Shell vom Planungsverfahren und genehmigte die Raffinerie.

Um das Gasfeld vor Rossport endgültig zu erschließen, arbeitet Shell mit allen Mitteln. Der Konzern spendete den irischen Polizisten vor Ort Alkoholika im Wert von mehreren Zehntausend Euro. Vielleicht lag es an dem übermäßigen Alkoholkonsum, dass die Beamten unaufmerksam waren und sich versehentlich mit einer Videokamera aufnahmen, als sie darüber fantasierten, zwei Aktivistinnen, die sie festgenommen hatten, zu vergewaltigen. Die Videokamera hatten sie den beiden Frauen bei der Verhaftung abgenommen und nicht darauf geachtet, dass sie eingeschaltet war. Die Polizeiaufsicht empfahl nach Abschluss ihrer Untersuchung ein Jahr später, nur gegen zwei der fünf beteiligten Polizisten ein Disziplinarverfahren zu eröffnen. Da einer der beiden zu dem Zeitpunkt bereits pensioniert war, blieb lediglich ein Beamter übrig. Er bekam einen Eintrag in seine Personalakte, und der Polizeichef entschuldigte sich bei den beiden Frauen.

»Das einzig Positive an unserer Situation sind die jungen Leute, die zu unserer Unterstützung gekommen sind«, sagt Corduff und schenkt mir Tee nach. »Und sie sind bis heute geblieben.«

Davon kann ich mich selbst überzeugen, denn die Aktivisten haben direkt gegenüber von Corduffs Farm, auf der anderen Seite des Sruwaddacon-Meeresarms, ein Lager errichtet: viele kleine Zelte im Moor, wo die jungen Leute übernachten, dazu zwei große Gemeinschaftszelte und ein Unterstand für Fahrräder.

Der Boden ist matschig, Holzpaletten am »Haupteingang« zum Gelände – einem Loch im Zaun – sollen dafür sorgen, dass man einigermaßen trockenen Fußes in die Gemeinschaftszelte gelangt. Ein großes Schild in Gelb und Rot, den Shell-Farben, weist auf das »Rossport Solidarity Camp« hin. Es ist an einem leeren Shell-Ölfass festgebunden, damit es bei den Herbststürmen nicht wegfliegt.

Im Camp empfängt mich Lee, eine junge US-Amerikanerin, die schon seit Jahren in der Gegend lebt. Sie ist sehr schlank und trägt einen dicken Wollpullover sowie eine Mütze, denn es zieht im Zelt. In einer Ecke wird für alle gekocht. »Es sind immer mindestens zehn Leute hier, und bei Veranstaltungen oder Aktionen sogar manchmal bis zu zweihundert«, sagt Lee und serviert mir die nächste Tasse Tee. »Es ist ein offenes Camp, ein internationaler Ort.«

Man kämpft an verschiedenen Fronten. Die Camp-Bewohner arbeiten mit direkten Aktionen, sie legen sich den Baggern in den Weg, besetzen Baumaschinen und verzögern so die Arbeiten. »Wir haben ein gutes Verhältnis zu den Ortsansässigen, sie bringen uns Lebensmittel, und manchmal dürfen wir bei ihnen duschen«, sagt Lee. »Sie haben die Kampagne begonnen, sonst wären wir gar nicht hier.«

Die Anwohner leisten ihren Beitrag unter anderem, indem sie Shell mit Klagen überziehen. Die 81-jährige Mary Philbin war die Erste, die den Bau 2002 mit ihrer Klage für eine Weile stoppte. Auch Monika Müller, die vor dreißig Jahren als Touristin aus Deutschland in die Gegend kam und blieb, legte Einspruch gegen die Baugenehmigung ein. Sie gewann, verlor im Berufungsverfahren und legte Widerspruch ein. Die Verzögerungen haben Shell rund 250 Millionen Euro gekostet.

»Die Kampagne ist eine Inspiration für andere Kämpfe«, sagt Lee, »weil sie das Projekt schon so lange verhindert hat. Das ist ein Erfolg, selbst wenn die Leitung am Ende gebaut wird.« Das Unterwasserrohr vom Corrib-Gasfeld an die Küste gibt es bereits, die Raffinerie in Ballinaboy ebenfalls, aber die neun Kilometer lange Verbindungsleitung, die das Gas unter Hochdruck über Land pumpen soll, fehlt noch.

»Wir sind in der Endphase des Kampfes«, glaubt Maura Harrington, in deren Küche ich inzwischen sitze. Willie Corduff hat mich zu ihr geschickt, als ich ihn nach anderen in den Konflikt involvierten Anwohnern fragte. Die 58-Jährige ist hager, sie hat lange graue Haare und trägt einen schwarzen Rollkragenpullover und lila Pantoffeln. Bis zu ihrer Pensionierung 2008 arbeitete sie als Grundschullehrerin an einer kleinen Schule mit vier Lehrern im benachbarten Inver.

»Wir haben überhaupt keinen politischen Einfluss.« Harrington klingt resigniert. »Die Auswanderung ist hoch, die Gegend ist dünn besiedelt. In den Achtzigerjahren wollten sie uns sogar ein Atomkraftwerk vor die Nase setzen.« Immerhin – wäre Shell vor fünfzig Jahren gekommen, hätte man den Konzern wohl einfach gewähren lassen, denn Umweltschutz war damals ein Fremdwort. »Aber die Zeiten haben sich geändert«, sagt Harrington. »Also versuchen sie, die Gemeinschaft zu spalten. Es gibt immer welche, die sich kaufen lassen, sei es durch einen schlecht bezahlten Job beim Bau oder bei der Sicherheitsfirma, sei es durch das Sponsoring des lokalen Golfclubs.«

Als Shell 2008 die Solitaire schickte, das größte Rohrlegeschiff der Welt, trat Harrington in den Hungerstreik. Die Fischer aus Rossport blockierten die riesige Solitaire mit ihren kleinen Kuttern, und nach zehn Tagen zog das Schiff wieder ab. Harrington beendete ihren Hungerstreik. Doch ein Jahr später kam die Solitaire zurück, diesmal unter dem Schutz von Kriegsschiffen der irischen Marine, die die Fischer auf Distanz hielten.

»Weil wir weiß sind und nicht in der ›Dritten Welt‹ leben, glaubt niemand, wie Shell mit uns umgeht«, sagt Harrington. Sie war es auch, die mithilfe einer Nonne, die dreißig

Jahre lang in Nigeria gelebt hatte, den Kontakt zu den Ogoni hergestellt hat. »Wir sind nicht das Nigerdelta«, sagt sie, »aber wenn wir von den Ogoni nicht lernen, wäre das eine Missachtung ihres Kampfes, und wir würden verlieren.«

Auch Willie Corduff hofft, dass die Bewohner am Ende doch noch gewinnen. »Shell hat unser Leben ruiniert«, sagt er und wirkt dabei weniger resigniert, als man es bei diesem Satz erwarten dürfte. »Doch immerhin haben wir das Projekt verzögern können. Eigentlich sollte die Anlage 2003 betriebsbereit sein. Aber das ist sie noch lange nicht.«

Entenrennen an
der Grenze

Von Rossport führt der Wild Atlantic Way zunächst nach
Osten und biegt dann Richtung Sligo nach Norden ab,
vorbei an Drumcliffe, wo der erste irische Literaturnobelpreisträger William Butler Yeats offiziell begraben ist, auch
wenn es Indizien dafür gibt, dass jemand anderes im Grab
liegt. Yeats starb 1939 in Roquebrune an der französischen
Riviera. Er wollte dort begraben, aber nach einem Jahr wieder ausgebuddelt und nach Irland umgesiedelt werden. Der
Zweite Weltkrieg verhinderte das zunächst. Erst 1948 kam
man seinem Wunsch nach, stellte jedoch fest, dass seine
Überreste mit den Gebeinen anderer Leute vermischt worden waren. Die im Sommer 2015 veröffentlichten Briefe be-
stätigen, dass man damals ein Skelett aus mehreren Personen zusammengestellt und nach Irland geschickt hatte.

Nach Drumcliffe geht es ein Stück durch Leitrim. Carrick-
on-Shannon ist die Hauptstadt der kleinen Grafschaft. Der
Aufschwung, der während des Wirtschaftsbooms auch Leitrim erfasste, ist noch zu sehen, obwohl der nachfolgende
Crash auch viele Bauruinen und leer stehende Häuser hinterlassen hat. Es gibt neue Wohnsiedlungen am Fluss, neue

Ladenzeilen in der Innenstadt und neue Unternehmens-
gebäude am Stadtrand. Dabei hatte Leitrim eigentlich nie
Glück. Die geografische Lage und die historischen Ereignisse haben der Grafschaft mehr zu schaffen gemacht als
den meisten anderen Regionen der Insel. Beim Aufstand
gegen die britischen Besatzer verbündete man sich 1798
mit den französischen Truppen und unterlag. Der britische
Kommandant Lord Cornwallis befahl den zweihundert gefangenen Rebellen im Gerichtssaal von Carrick-on-Shannon,
Lose zu ziehen. Darunter waren siebzehn Nieten. Wer sie
zog, wurde auf dem Kasernenhügel gehängt.

Gut fünfzig Jahre später kam die Hungersnot. Ein Drittel
der Bevölkerung Leitrims verhungerte, die Einwohnerzahl
sank auf 112 000. Und als der nordirische Konflikt Ende der
Sechzigerjahre ausbrach, schloss die britische Armee die
Nord-Süd-Verbindungsstraßen. Leitrim war seines Hinter-
landes beraubt, die ökonomischen Folgen waren verheerend,
den jungen Leuten blieb nur die Emigration. Heute liegt die
Einwohnerzahl bei 26 000, die Bevölkerungsdichte beträgt
sechzehn Menschen pro Quadratkilometer, also nicht mal
ein Drittel des irischen Durchschnitts, der ja auch nicht sonderlich hoch ist.

Dann, 1994, kam die Wende. Der nordirische Friedensprozess hat in Leitrim viel bewirkt, vor allem im Norden der
Grafschaft. Die Straßen waren wieder frei, und die Eröffnung des Shannon-Erne-Kanals hat Carrick-on-Shannons
Attraktivität für Touristen erhöht. Die Kosten von dreißig
Millionen Pfund für die Renovierung des bereits 1860 gebauten Kanals wurden zum Teil von der Europäischen Union
bezahlt. Seitdem können die Kabinenkreuzer nicht nur die
258 Kilometer auf dem Shannon nutzen, sondern durch

den Kanal weiter in den Lough Erne in Nordirland schippern. Carrick-on-Shannon ist die »Kreuzfahrthauptstadt« des Shannon, die Stadt hat einen neuen, modernen Hafen bekommen, der direkt vor dem Landratsamt liegt. Man hat sich endlich mit dem Fluss angefreundet. Früher wurden alle Häuser mit dem Rücken zum Shannon gebaut, die Menschen ignorierten den Fluss, weil sie kein Potenzial in ihm sahen. Heute nutzen ihn nicht nur Touristen, sondern auch die Einheimischen.

Der Marktplatz im Zentrum hat sich ebenfalls verändert. Die Gebäude rundum wurden noch vor einigen Jahren als Lagerhallen genutzt. Der Markt diente als Parkplatz, bis er gesperrt werden musste, weil die Autos durch herabfallende Dachziegel beschädigt wurden. Dann kaufte die Stadtverwaltung den mit Kopfsteinpflaster ausgelegten Marktplatz und renovierte die alten Lagerhallen. Sie achtete darauf, dass dort ungewöhnliche Geschäfte einzogen, die den Läden an der Hauptstraße keine Konkurrenz machten. So eröffnete eine französische Brasserie, eine Weinhandlung, eine Werkstatt für Bleikristall.

Bei Ken Cunningham, dem das Kristallgeschäft gehört, kann die Kundschaft bei der Arbeit zuschauen. Ken ist zweiundfünfzig und seit siebenunddreißig Jahren im Geschäft. Angefangen hat er in Waterford in der berühmtesten irischen Kristallwarenfabrik. »Ich wollte immer in einem handwerklichen Beruf arbeiten«, erzählt er mir. »Im Schreiben und in Sprachen war ich in der Schule ein Versager.«

Schließlich beschloss er, sich selbstständig zu machen. »Meine Frau Sandra und ich haben uns im ganzen Land umgesehen, aber wir kamen immer wieder auf Carrick-on-Shannon zurück«, erzählt er weiter. »Es herrscht eine besondere

Atmosphäre in dieser Stadt, sie ist nicht zu groß, man lernt schnell Leute kennen.« Und das Geschäft läuft inzwischen gut. »Unsere Kundschaft ist hauptsächlich einheimisch, erst in zweiter Linie aus England, den USA und Europa.« Die ehemalige Präsidentin Mary McAleese hat bei ihm eingekauft, verschiedene Kongressabgeordnete aus Washington haben sich bei Ken mit Kristallwaren eingedeckt, und der Fußballclub Celtic Glasgow hat eine große Trophäenschale mit Gravur bei ihm bestellt.

Seine Entscheidung für Carrick-on-Shannon ist zwar auch von den Steuervorteilen für benachteiligte Regionen beeinflusst worden, aber für Cunningham war der Standortvorteil ausschlaggebend: »Für unser Geschäft ist die Lage einmalig. Unser Laden steht am historischen Market Square im Zentrum, nach Dublin sind es nur gut zwei Stunden, und wir liegen an der Hauptstraße in den Nordwesten.«

Diese Hauptstraße nehmen wir nun und fahren in die Grafschaft Donegal. In Ballyshannon, berühmt für sein Folkfestival, biegen wir nach Osten ab. Auf der Grenze zu Nordirland liegt Pettigo, eine geteilte Stadt, in der wir haltmachen.

Während des nordirischen Konflikts war der 500-Seelen-Ort von der Umwelt praktisch abgeschnitten: Im Westen führte eine einzige Straße durch die Berge nach Donegal Town, bis Anfang des 17. Jahrhunderts die Hauptstadt der Grafschaft, bevor es Lifford wurde. Von den elf Straßen, die in Pettigo früher nach Osten in die nordirische Grafschaft Fermanagh geführt hatten, waren zu Zeiten des Konflikts zehn durch Betonklötze gesperrt. Die britische Armee wollte dadurch die Bewegungsfreiheit der IRA einschränken. So undurchlässig, wie die Grenze auf den ersten Blick erschien, war sie freilich nicht. Bauern, die auf beiden Seiten Felder besaßen, hatten Schleichwege durch seichte Flussstellen entdeckt. Sie schlugen damit nicht nur den britischen Schreibtischstrategen ein Schnippchen, sondern ersparten sich auch Umwege von bis zu dreißig Kilometern.

Der Fluss Termon teilt den Ort in zwei Hälften, die sich nur in wenigen, dafür aber signifikanten Details unterscheiden: Im Norden zahlt man mit Pfund Sterling, im Süden mit Euro. Im Norden wird die Geschwindigkeitsbegrenzung in Meilen angegeben, im Süden in Kilometern. Im Norden sind die Briefkästen rot, im Süden grün.

Am Ostersonntag funktionieren die Bewohner den Grenzfluss in eine Regattastrecke um und veranstalten ein Entenrennen – für einen guten Zweck, versteht sich. Irland ist das Land der Sammelbüchsen: Wohlfahrtsorganisationen und Schulen, Krankenhäuser und Waisenhäuser, Parteien und Blindenhilfswerke – alle sind auf Spenden angewiesen. Ein findiger Kopf in Pettigo kam deshalb auf die Idee, die Wettleidenschaft seiner Landsleute auszunutzen, um ihre traditionelle Großzügigkeit noch zu steigern. So rief er das österliche Entenrennen zugunsten der Jugendfußballer ins Leben. Ich habe das einmal miterlebt. Sechshundert gelbe Plastikenten und eine rote Artgenossin wurden von einer der gesperrten Brücken in den nur sechs Meter breiten Fluss geworfen. Jede Ente trug eine Nummer auf dem Bauch. Eine Wette auf die schnellste Ente kostete ein Pfund. Ich entschied mich, ein wenig zu investieren, und setzte auf vier Tiere.

Für viele der Enten war das Rennen jedoch schon am Start beendet: Sie verhedderten sich im nordirischen Uferdickicht.

Aber auch auf der Südseite lauerten Gefahren. Ein riesiger Stein im Wasser erwies sich für ein weiteres halbes Dutzend Rennenten als Endstation. Das übrige Plastikgeflügel trieb zügig flussabwärts, verfolgt von einer Horde Kinder, die am Ufer entlangrannten, während die Erwachsenen das bizarre Schauspiel von der Zollbrücke am Ziel beobachteten. Dort war ein Netz aufgespannt, das die Enten abfangen sollte. Dieser Plan misslang jedoch kläglich.

Als das Entengeschwader im Ziel ankam, konnte John, einer der Organisatoren, der in Anglerstiefeln im Wasser stand, lediglich die drei Bestplatzierten – die rote Ente gewann die Silbermedaille – herausfischen, während die übrigen Tiere durch die Maschen des Netzes trudelten und um die Flussbiegung gen Nordirland verschwanden. Ein Dutzend Männer hetzte hinterher, um sie wieder einzufangen. »Das sind Mietenten«, erklärte mir John, als ich meine Verwunderung über dieses Engagement zum Ausdruck brachte. »Wir haben sie im nordirischen Ederney geliehen. Die fehlenden Enten müssen wir bezahlen.«

Die Entenjagd ging bis zum Anbruch der Dunkelheit weiter. Die meisten Dorfbewohner saßen währenddessen freilich längst im Pub und feierten die Hauptgewinnerin, eine Hausfrau aus dem Nordteil Pettigos. Meine Enten hatten es nicht geschafft. Vermutlich sind sie unterwegs ertrunken.

The Town
I Loved So Well

Am Tag nach dem Entenrennen fuhr ich verkatert weiter gen Norden, immer an der Grenze entlang, nach Derry, das die Protestanten Londonderry nennen. Die Stadt liegt am Lough Foyle, einer Meeresbucht des Atlantiks. Keine andere nordirische Stadt hat so stark unter der irischen Teilung im Jahr 1922 gelitten. Durch die künstliche Grenzziehung, die eine möglichst große protestantische Mehrheit in Nordirland sichern sollte, wurde Derry von seinem Hinterland, der Grafschaft Donegal, abgeschnitten.

Britische und multinationale Investitionen konzentrierten sich seitdem auf die protestantischen Hochburgen im Osten der Provinz. Selbst die zweite Universität Nordirlands wurde nicht in Derry angesiedelt, sondern im protestantischen Küstenort Coleraine. Hinzu kam die politische Diskriminierung: Obwohl Derry mehrheitlich katholisch ist, wurde die Stadt durch Wahlkreismanipulationen bis in die Siebzigerjahre von einem protestantischen Stadtrat regiert. Die Arbeitslosigkeit in der Stadt betrug das Achtfache des britischen Durchschnitts.

Und so ist es kaum verwunderlich, dass Derry der Schau-

platz war, an dem am 12. August 1969 der Konflikt in Nordirland offen ausbrach. 15 000 Apprentice Boys marschier-
ten die Stadtmauer entlang, um ein Ereignis zu feiern, das
fast dreihundert Jahre zurücklag. Als der katholische König
Jakob II. im Jahr 1689 Derry belagerte, zeigte sich der englische Stadtkommandant Robert Lundy verhandlungsbe-
reit. Die militanten protestantischen Organisationen, an-
geführt von den Apprentice Boys, rebellierten gegen Lundy
und schlossen die Stadttore. Jakob gab nach 105 Tagen auf,
die Stadt fiel später dem protestantischen Wilhelm von
Oranien in die Hände, der Jakob vom englischen Thron ver-
trieb.

Bei ihrer Feier 1969 warfen die Apprentice Boys Pennys hi-
nab in die Bogside, den katholischen Bezirk vor der Stadtmauer, um die Bewohner zu demütigen. Die Jugendlichen
aus der Bogside antworteten mit Steinen und Flaschen. Im
Handumdrehen entwickelte sich eine Schlacht, bei der innerhalb von vierundzwanzig Stunden mehr als zweihundert Menschen verletzt wurden. Die Kämpfe dauerten drei
Tage, die Bewohner der Bogside und der benachbarten Viertel Creggan und Brandywell errichteten Barrikaden aus alten Autos, ausgemusterten Möbelstücken und Metallgittern
und verteidigten sie mit Molotowcocktails. Nach drei Tagen
schickte die britische Regierung ihre Armee, die Polizei zog
sich zurück. »Free Derry« war geboren.

Doch es hatte nicht lange Bestand. Der Konflikt eska-
lierte, die britische Regierung entsandte ihre Soldaten, und
die richteten am 30. Januar in Derry ein Massaker an. Vierzehn unbewaffnete Demonstranten, die für Bürgerrechte
eingetreten waren, die in Westeuropa eigentlich als selbst-
verständlich galten, starben an jenem »Bloody Sunday«.

Kein Ereignis in der blutigen Geschichte des Konflikts hat so tiefe Spuren hinterlassen wie dieses.

Die Soldaten sagten später aus, sie seien von den Demonstranten beschossen und mit Nagelbomben angegriffen worden und hätten das Feuer lediglich erwidert. »Ich akzeptiere nicht, dass die Opfer unschuldige Zivilisten waren«, sagt der Kommandant der Fallschirmjäger, Oberst Derek Wilford, noch heute. Er bekam für seine Rolle am »Bloody Sunday« einen Armee-Orden verliehen.

Hunderte von Augenzeugen hatten anderes beobachtet. Jeder Einzelne von ihnen bestätigte, dass kein Schuss gefallen war, als die Armee das Feuer eröffnete. Manche der Demonstranten hatten die Arme gehoben, um sich zu ergeben, als sie von den Kugeln getroffen wurden. »Ich habe mit eigenen Augen gesehen, wie der 17-jährige Jackie Duddy ermordet worden ist, und dieses Wort gebrauche ich bewusst«, erzählte mir Jahre später der frühere Bischof von Derry, Edward Daly. »Er hatte versucht wegzulaufen.« Andere bezeugen, dass die Soldaten den Toten Nagelbomben und Waffen in die Taschen steckten. »An diesem Blutsonntag haben wir die jungen Leute verloren«, sagte der Bischof, »sie gingen weg und schlossen sich der IRA an.«

Erst achtunddreißig Jahre später entschuldigte sich der damalige britische Premierminister David Cameron im Namen der Regierung und der Nation für die tödlichen Schüsse. Sie seien »ungerechtfertigt und nicht zu rechtfertigen« gewesen, erklärte er holprig.

Von der breiten Stadtmauer aus dem 17. Jahrhundert aus kann man noch heute die berühmte Giebelwand betrachten: »You are now entering Free Derry.« Außerdem kann man auf der Mauer einen gut anderthalb Kilometer langen Rundgang um den historischen Stadtkern machen – es ist die einzige noch völlig intakte Stadtmauer in Europa. Während des Konflikts war sie teilweise gesperrt, doch seit dem Friedensprozess ist sie wieder rundum begehbar.

Für diesen Prozess hat ein Mann aus Derry 1998 den Friedensnobelpreis erhalten: John Hume. Er teilte sich den Preis mit dem unionistischen Politiker David Trimble. Ich habe Hume kurz nach der Preisverleihung in Derry besucht. Damals war er dreiundsechzig, er ist in Derry aufgewachsen, und er liebt seine Stadt. Ich musste ihn nicht zweimal bitten, die inoffizielle Hymne Derrys für mich zu singen: *The Town I Loved So Well.*

»Mein Vater war die meiste Zeit seines Lebens arbeitslos«, erzählte mir Hume. »Dass ich dennoch studieren konnte, verdankte ich den britischen Schulreformen nach dem Zweiten Weltkrieg, die Stipendien für Begabte vorsahen.« Wie es in katholischen Familien üblich war, sollte Hume als ältester Sohn eigentlich Priester werden, aber er entschied sich dann doch für das Lehramt.

Gleichzeitig engagierte er sich für soziale Gerechtigkeit und gründete eine Häuserkooperative, um der Bevorzugung von Protestanten bei der Vergabe von Sozialbauwohnungen entgegenzuwirken. »Als der Konflikt ausbrach, wurde ich in die aktive Politik getrieben«, sagte er. Anders als viele seiner Nachbarn in der Bogside, die in die IRA eintraten, gründete Hume die Social Democratic and Labour Party (SDLP), die sich für eine Demokratisierung mit friedlichen Mitteln einsetzte. Ein Jahr lang war er Minister in der Regionalregierung, bis der damalige britische Premierminister Edward Heath 1974 das Belfaster Parlament auflöste.

Später wurde Hume ins britische Unterhaus und ins Euro-paparlament gewählt und pendelte zwischen Derry, London und Straßburg. Seit den Achtzigerjahren arbeitete er mit dem Sinn-Féin-Präsidenten Gerry Adams an einer Friedens-strategie, die am Karfreitag 1998 in das Belfaster Abkom-men mündete. Es bescherte Nordirland schließlich eine ge-meinsame Regierung aus Protestanten und Katholiken. We-nige Jahre später zog sich Hume aus der Politik zurück.

Orange
ist Politik

Nordirland ist seit dem Friedensprozess aus den Schlagzeilen verschwunden, aber die Gräben zwischen beiden Bevölkerungsteilen sind noch immer tief. Besonders die Paraden des Oranier-Ordens, der wie die im vorigen Kapitel erwähnten Apprentice Boys loyal zur britischen Krone steht, sorgen immer wieder für Konflikte. Mitglied des Ordens können nur protestantische Männer werden. Und es sind keineswegs nur alte Männer, die vergangenen Zeiten nachtrauern, sondern auch junge Leute, die dem Orden angehören. Ich bin einmal bei einer dieser Paraden im protestantischen Ostteil der nordirischen Hauptstadt Belfast mitgelaufen, um herauszufinden, was die jüngeren Mitglieder am Orden reizt.

Seinen Nachnamen will Ian mir nicht verraten. Ich habe ihn auf der Parade getroffen, und unser Gespräch über seine Mitgliedschaft im Orden entwickelt sich zunächst zögerlich. »Ich arbeite bei der Regierung«, begründet er seine Vorsicht, »und wir Oranier sind in Nordirland nicht wohlgelitten. Nenn mich einfach Klinsmann.« Ian ist siebenundzwanzig, er ist noch ein »Junior Orangeman«, das ist man bis fünfunddreißig. Er ist groß und dünn, seine braunen Haare lichten sich am Hinterkopf. Die breite Schärpe, die er trägt, ist orange, denn der Namensgeber des Oranier-Ordens, Wilhelm von Oranien, heißt auf Englisch William of Orange.

An die Schärpe hat Ian eine kleine silberfarbene Figur geheftet, die auf einem Pferd sitzt. King Billy, wie Wilhelm von seinen Anhängern liebevoll genannt wird, soll am 12. Juli 1690 auf einem Schimmel in die Schlacht am Boyne nördlich von Dublin geritten sein, in der er seinen katholischen Schwiegervater und Widersacher Jakob II. besiegte und die protestantische Thronfolge in England sicherte. »The Twelfth« ist seither der wichtigste Feiertag der nordirischen Protestanten. Sie begehen ihn mit Paraden, bei denen zahllose Kapellen mit riesigen Lambeg-Trommeln, die sich die Musikanten vor den Bauch geschnallt haben, mitmarschieren. Und alle tragen Orange.

Die Farben Orange und Grün sind in Irland seit Jahrhunderten politisch besetzt. Die eine steht für die Protestanten, die britisch bleiben wollen, die andere für die irisch-nationalistischen Katholiken. Die Trikolore der Republik Irland ist grün-weiß-orange: Das Weiß in der Mitte soll den Frieden zwischen den Bevölkerungsgruppen symbolisieren.

Als sich eine private britische Telefongesellschaft Mitte der Neunzigerjahre den Namen »Orange« gab, schien das zunächst unverfänglich. Erst als sie begann, auf den Werbeflächen in Nordirland ihre Plakate aufzuhängen, merkte sie, dass die Farbe dort eine politische Aussage ist. »Die Zukunft ist glänzend, die Zukunft ist orange«, stand auf den Plakaten. Der protestantische Bevölkerungsteil stimmte dieser

Aussage vorbehaltlos zu. Die Katholiken hingegen schwo-
ren, sich eher mit Trommeln zu verständigen, als ein Telefon
von »Orange« zu benutzen, obwohl die Telefongesellschaft
mit den Oraniern nichts zu tun hatte.

Der Oranier-Orden wurde am 21. September 1795 nach
der »Battle of the Diamond« gegründet, einem Scharmützel
zwischen Katholiken und Protestanten in der nordirischen
Kleinstadt Portadown, das die Protestanten gewannen: Kein
Einziger von ihnen wurde getötet, während rund dreißig Katholiken ums Leben kamen. Danach bildeten die Protestanten einen Kreis, reichten sich die Hände und beschworen
ihre Loyalität zur britischen Krone. So steht es jedenfalls in
den Annalen des Ordens.

Seine Gründer waren einfache Leute. Die Logen stärkten
das Zusammengehörigkeitsgefühl, denn Unternehmer, Ar-
beiter, Bürgermeister, Ärzte oder Handwerker hatten den
gleichen Stellenwert. Sie halfen einander, vor allem mit Jobs.
Die erste Parade wurde 1796 abgehalten, am ersten Jahrestag
der Schlacht am Boyne. Der Orden wuchs danach schnell,
heute hat er rund 80 000 Mitglieder. Auswanderer gründeten Zweigstellen in Großbritannien, den USA und Kanada,
in Australien und Neuseeland und sogar in Westafrika. Die
Ausrichtung ist streng antikatholisch, und in Irland beinhal-
tete die Religion stets auch eine politische Komponente,
seit die britische Krone nach der Eroberung Irlands der katholischen Urbevölkerung das beste Land wegnahm und es
an protestantische Siedler gab. Die dankten es mit Loyalität und kämpften bei den Aufständen der Iren stets aufseiten der Kolonialmacht.

Erst nach dem Osteraufstand irischer Republikaner von
1916 wendete sich das Blatt. Zwar scheiterte die Rebellion

kläglich, und die Bevölkerung verspottete und bespuckte die Rebellen, doch weil der britische Befehlshaber die fünfzehn Anführer hinrichten ließ, schwenkten die Sympathien schließlich um. Sinn Féin, der politische Flügel der im Zuge des Friedensprozesses aufgelösten IRA, gewann die Wahlen 1918 mit deutlicher Mehrheit und rief die Republik aus. Das nahm die britische Regierung nicht hin. Es kam zum Unabhängigkeitskrieg, und 1921 musste Großbritannien einlenken: Irland wurde Freistaat, doch sechs Grafschaften im Nordosten blieben bei Großbritannien. Es war das größtmögliche Gebiet, in dem die Protestanten damals eine komfortable Mehrheit stellten.

Edward Carson, der erste Regierungschef des neu geschaffenen Nordirlands, wollte einen »protestantischen Staat für ein protestantisches Volk«. Das künstliche Staatengebilde wurde jahrzehntelang von einer einzigen Partei, der Unionist Party, beherrscht, Katholiken waren Bürger zweiter Klasse, und der Oranier-Orden hielt mit seinem militanten Antikatholizismus die protestantische Bevölkerung bei der Stange. Alle protestantischen Politiker und Wirtschaftsführer waren Mitglied im Orden. »Ich habe immer betont, dass ich zuallererst Oranier bin und erst in zweiter Linie Politiker und Parlamentsmitglied«, sagte James Craig, der Premierminister, im Jahr 1934 unverblümt. Und auch ein späterer Premier, James Chichester-Clark, sah noch 1969 keinen Grund, seine Gesinnung nicht lautstark zu vertreten: »Ich bin stolz darauf, im Oranier-Orden zu sein, und die Kritiker des Ordens haben keine Ahnung.«

Doch seit dem Belfaster Abkommen sehen die Protestanten ihre Felle davonschwimmen. In absehbarer Zeit werden sie in Nordirland eine Minderheit sein, weil der katholische

Bevölkerungsteil stetig ansteigt. So sind die dreitausend Oranier-Paraden im Jahr längst keine Triumphzüge mehr. Es ist die Angst vor weiteren Veränderungen, die sie so hartnäckig an der traditionellen Streckenführung ihrer Paraden festhalten lässt, auch wenn sie inzwischen durch katholische Wohnviertel führen, weil sich die Demografie nordirischer Städte aufgrund des Konflikts verändert hat. Die Protestanten fühlen sich belagert: Sie sind eine Mehrheit mit der Mentalität einer Minderheit.

»Der Orden«, erzählt mir Ian auf dem Marsch in Belfast, »ist gegen Gewalt, aber er kann manchmal die Jugendlichen nicht kontrollieren.« Der junge Oranier und stellvertretende Großmeister der Oranier-Loge Nummer 491 aus Ballymena trägt ein kariertes Hemd und Jeans, keinen schwarzen Anzug wie die älteren Ordensangehörigen, und erst recht nicht den traditionellen Bowler-Hut aus Kaninchenfell. Sein Vater, sein Großvater und auch sein Urgroßvater waren in der Loge. Ian trat mit achtzehn ein. »Meine Mitgliedschaft im Orden ist Ausdruck meiner persönlichen Ansicht über religiöse und politische Angelegenheiten«, sagt er, und es klingt, als ob er es aus dem *Kleinen Katechismus für junge Oranier* abgelesen hat, einem dunkelroten Heft mit Antworten für die meisten Lebenslagen.

»Mit fünf oder sechs wissen die meisten Kinder, welche Fahne, welche Parade, welches Fußballtrikot (Celtic oder Rangers) der eigenen Seite zuzuordnen ist«, schreibt der Journalist Peter Nonnenmacher. »Im selben Zeitraum formen sich die ersten Vor- und Werturteile über die andere Seite – vor allem in den Arbeiterbezirken beider Lager.« Auf die Frage eines nordirischen Meinungsforschungsinstituts, was sie über Katholiken wüssten, gaben sechsjährige Pro-

testanten beispielsweise zur Antwort: »Das sind Räuber«
oder »Katholiken sind maskierte Männer, die Scheiben ein-
schlagen«. Katholiken seien »anders als normale Menschen,
weil sie schlechter sind«, formulierte es ein Junge. »Die Polizei ist hinter ihnen her.«

Auf halber Strecke des Marschs komme ich schließlich
auch mit Ians Freund Gary Greer ins Gespräch. Gary ist wie
Ian siebenundzwanzig. Auch er hat einige Anstecknadeln an
seiner orangen Schärpe befestigt, deren Bedeutung er mir
nacheinander erklärt: eine Krone als »Ausdruck meiner Loyalität zum Königshaus«, ein aufgeschlagenes Buch »als
Symbol für die Heilige Schrift« und eine Medaille mit der
Gravur: »Die Belagerung von Drumcree 1995«.

Drumcree ist eine kleine protestantische Kirche am Stadtrand von Portadown. Am ersten Sonntag im Juli marschieren die Oranier zu dieser Kirche, um der Nordiren zu gedenken, die als britische Soldaten in der Schlacht an der Somme
gefallen sind. Nach dem Gottesdienst laufen die Oranier zurück in die Innenstadt, doch der Weg führt über die katholische Garvaghy Road. 1995 war die Parade deshalb verboten worden, aber die Oranier hatten sich einen Bagger besorgt, um die Barrikaden aus dem Weg zu räumen. In letzter
Minute lenkten die Anwohner der Garvaghy Road ein, um
Schlimmeres als den Durchmarsch zu vermeiden, die Oranier durften schweigend, ohne Musik, durch das katholische Viertel laufen. Kaum waren sie am Ende der Straße
angekommen, brachen sie in Triumphgeheul und Freuden-
tänze aus. Das hat man auf der Garvaghy Road nicht vergessen. Seitdem ist die Straße für die Oranier endgültig gesperrt – und seitdem hören sie nicht auf, dagegen zu protes-
tieren.

Ausgerechnet in Portadown sollen sie nicht marschieren dürfen? Drei Kilometer nördlich von Drumcree wurde der Orden gegründet, in der Bücherei von Portadown befindet sich das Heiligtum der Oranier: die bestickte Satteldecke, auf der Wilhelm von Oranien in die Schlacht am Boyne geritten sein soll. Die Parade finde seit 1807 statt, argumentieren die Oranier. Damals war die Garvaghy Road freilich nur eine Wiese, katholische Anwohner gab es nicht. Doch schon 1835 kam es zu ersten Zwischenfällen. Hugh Donnelly, ein Katholik, kam bei Konfrontationen mit den Oraniern ums Leben.

»Die Parade selbst ist völlig unwichtig«, meint Gary Greer jedoch, »es geht hier ums Prinzip. Kompromiss? Wir haben bisher immer nachgegeben, bekommen haben wir nichts.« Gary ist ein gemütlicher, untersetzter junger Mann. Auch er trat dem Orden mit achtzehn bei, und auch er folgt damit der Tradition seines Vaters und Großvaters. Gary arbeitet als Lehrer an einem Gymnasium auf dem Land: »Es ist eine gemischte Schule, vierzig Prozent meiner Schüler sind Katholiken. Natürlich gibt es deshalb Spannungen, vor allem im Sommer während der Marschsaison.«

Garys Familie hatte früher, vor Ausbruch des Konflikts, in einer gemischten Siedlung gewohnt, sein Vater war Gemeindearbeiter und hat Discos und Sportveranstaltungen für die Kinder organisiert. »Dann zogen immer mehr Katholiken ein, und bald waren wir in der Minderheit. Man gab uns mit Wandschmierereien zu verstehen, dass wir nicht mehr erwünscht waren. Wir zogen weg. Auf katholischer Seite gibt es viel Armut und miserable Wohnbedingungen, aber auf protestantischer Seite ist das nicht anders.«

Gary fühlt sich von den Politikern im Stich gelassen: »Mit

ihrer Politik schreiben sie die religiöse Trennung bis auf alle Ewigkeit fort. Es gibt keine linken oder rechten Parteien, sondern nur katholische oder protestantische. Vielleicht müssen wir zuerst die Klassenpolitik wiederentdecken.«

Nach der Parade gehen die meisten ins Wirtshaus, und in der Hoffnung, vielleicht noch den einen oder anderen auskunftsfreudigen Oranier für ein Gespräch zu gewinnen, schließe ich mich ihnen an, setze mich an die Theke und beobachte das Geschehen. Plötzlich flüstert mir die Wirtin zu: »Siehst du die beiden Männer an der Eingangstür? Sie haben dich auf dem Kieker, weil du hier fremd bist.« Sie öffnet die Klappe am Tresen und zieht mich zum Hintereingang. »Nun lauf, so schnell du kannst«, rät sie mir. Ich fühle mich in die Siebzigerjahre zurückversetzt, als ich in Belfast lebte.

Eine Stadt
und ihr Schiff

Es war aufregend in Belfast. Ich bin 1976 nach Nordirland gezogen, weil ich einen Job als Assistenzlehrer hatte. Die protestantische Schule lag in Lisburn südlich von Belfast, ich wohnte in einem katholischen Arbeiterviertel in der Hauptstadt. Ich war zweiundzwanzig.

Damals war es normal, dass mein kleines Haus, das ich für sechsunddreißig Pfund im Monat gemietet hatte, regelmäßig durchsucht wurde. Eines Nachts flog hinter dem Haus das Gaswerk durch einen Bombenanschlag in die Luft, wir wurden evakuiert, weil sich das Feuer womöglich durch die Gasleitungen fressen konnte. Dann wurde mein Nachbar vor der Tür erschossen, weil er Katholik war. Für Politik hatte er sich nie interessiert, er trank gerne seinen Whiskey und bat mich nach der Arbeit manchmal um einen Kaffee, damit seine Frau den Alkohol nicht roch.

In die hermetisch abgeriegelte Innenstadt kam man damals nur nach einer Leibesvisitation. Nach Geschäftsschluss waren die Straßen im Zentrum menschenleer. Touristen ließen sich zu dieser Zeit kaum in Belfast sehen.

Wie hat sich die Stadt seitdem verändert! Die Innenstadt ist heute offen, Hotels, Einkaufszentren und Bürohochhäuser sind entstanden, mehr als eine Million Besucher kommen jedes Jahr. Und da sie wirklich einiges zu bieten hat, soll auch unsere Rundreise nach diesem kleinen Ausflug in Politik und Geschichte Irlands in Belfast weitergehen.

Neben den neu errichteten Shopping-Palästen stehen das neobarocke Rathaus aus dem Jahr 1906, das aus den Gewinnen der Gaswerke bezahlt wurde, und das orientalisch anmutende Opernhaus von 1895, wo Luciano Pavarotti 1963 sein internationales Bühnendebüt als Leutnant Pinkerton in einer Inszenierung von *Madame Butterfly* feierte. Belfast ist eine Universitätsstadt. Die Queen's University veranstaltet jedes Jahr im Herbst ein Kulturfestival, das von seinen bescheidenen Anfängen in den Sechzigerjahren zu einem zwei Wochen langen Großereignis gewachsen ist, an dem unter anderen Jimi Hendrix, Laurence Olivier und Rowan Atkinson alias Mr. Bean teilgenommen haben.

In dem viktorianischen Universitätsgebäude haben die frühere irische Präsidentin Mary McAleese, der Literaturnobelpreisträger Seamus Heaney sowie die Schauspieler Liam Neeson und Stephen Rea studiert. Letzterer soll einmal über seine Heimatstadt gesagt haben, sie sei wie ein hässliches Kind, das man gerade deshalb mehr liebe als die anderen.

Dabei ist Belfast keineswegs hässlich. Das findet auch der nordirische Schriftsteller Robert McLiam Wilson, doch seine Liebeserklärung an die Stadt klingt ein wenig eigenwillig: »Das kleine Belfast kann so eine schöne Stadt sein. Eingekuschelt in die Achselhöhle des Belfast Lough, dunstverschleiert, auf gleicher Höhe mit dem Meeresspiegel, von Bergen umrahmt und liebkost von der See. Sooft man in

Belfast den Blick bis ans Ende einer Straße schweifen lässt, bleibt er an irgendeinem Berg oder Hügel hängen.«

Oder an einem Pub. Das berühmteste Wirtshaus Belfasts, wenn nicht gar Irlands, liegt in der Great Victoria Street. In der Crown Bar drehte Carol Reed 1947 seinen Film *Der Ausgestoßene* mit James Mason. Die Buntglasscheiben mit aufgemalten Muscheln, Feen und Clowns, die im Film zu sehen sind, gibt es immer noch, ebenso wie die kleinen Metallplatten an den Wänden, an denen man Streichhölzer entzünden konnte, als man in den Pubs noch rauchen durfte. Auch die zehn »Snugs« sind erhalten geblieben. Heinrich Böll nannte sie »Einzelsäuferkojen«, sie waren Frauen und Priestern vorbehalten, damit sie sich unbeobachtet einen hinter die Binde kippen konnten.

Der Crown Bar Liquor Saloon mag zwar der berühmteste Pub sein, doch White's Tavern ist älter – viel älter. Am frühen Nachmittag ist noch nichts los, ein paar Gäste sitzen am Torffeuer und nehmen ihren Lunch. Erst nach Geschäftsschluss füllt sich der Pub, und freitags und sonntags, wenn Musiker zur traditionellen Session zusammenkommen, wird es eng. White's ist die älteste lizenzierte Taverne in Belfast, hier werden schon seit 1630 legal Getränke ausgeschenkt. Auch in diesem Pub hat sich seit seinen frühen Tagen nicht viel verändert. Die aus Ziegeln gemauerten Wände sind geweißelt, die Decke ist niedrig und wird von dicken Holzbalken gestützt, alles wirkt etwas windschief. Der bekannteste Gast des White's war Henry Joy McCracken, Baumwollfabrikant und Freiheitskämpfer, der hier sein letztes Bier trank, bevor er für seine Teilnahme am Aufstand von 1798 hingerichtet wurde.

Der kleine Pub liegt in der Winetavern Entry, einer jener schmalen Gassen in der Innenstadt, die früher wohlhabenden Geschäftsleuten vorbehalten waren. Sie sind leicht zu übersehen, doch die Suche nach ihnen lohnt sich, denn sie beherbergen so manch altes Wirtshaus, kleine Restaurants und winzige Geschäfte. Die meisten Gassen verbinden die nördlich gelegene High Street mit der südlich gelegenen Ann Street, wie auch das Gässchen mit dem schönen Namen Joy's Entry, das so heißt, weil Henry Joy McCrackens Großvater Francis hier ab 1737 den *Belfast News Letter* herausgab, die älteste kontinuierlich erscheinende Zeitung der Welt.

Unter der High Street fließt der Farset. Der kleine Fluss hat der Stadt ihren Namen gegeben: »Béal Feirste«, die Mündung des Farset. Im 19. Jahrhundert hat man den Fluss zugedeckt, um Platz zu schaffen für die expandierende Stadt. Seit dem Friedensprozess wird wieder kräftig gebaut, vor allem im Cathedral Quarter nördlich der High Street. Es war früher das ärmste Wohnviertel Belfasts. Im Zuge der Industrialisierung wurden die Wohnhäuser abgerissen und durch Lagerhallen ersetzt. Von dieser Zeit zeugen noch heute die Eisenpoller, die die Häuserecken vor Beschädigung durch Pferdekarren schützen sollten. Mit dem Niedergang der Leinen- und Schiffbauindustrie verfiel das Viertel.

Fast unbemerkt ist es in den letzten Jahren wiederauferstanden. Weil die Mieten billig waren, haben sich alternative Kulturbetriebe angesiedelt, wie das »O Yeah Music Centre«, wo man von Van Morrison bis zu den Undertones alles über Belfasts Rock- und Punkszene erfährt, oder die »Black Box« in der Hill Street, auf deren Bühne Rockkonzerte, aber auch

Dichterlesungen stattfinden. Das alte Viertel strahlt heute einen geradezu jugendlichen Charme aus. Mehr als ein Drittel der Belfaster sind ja auch unter dreißig Jahre alt.

Der Grundstein für St. Anne's Cathedral, die dem Viertel den Namen gab, ist 1899 gelegt worden, aber man hat noch ein ganzes Jahrhundert lang immer weiter an ihr herumgebaut. Gegenüber der Kathedrale, auf dem Writers' Square, sind schwarze Steinplatten mit Dichterworten über Belfast in den Boden eingelassen. Einem der Dichter, dem 1987 verstorbenen John Hewitt, hat man darüber hinaus mit einem Wirtshaus ein Denkmal gesetzt. Er hatte am Maifeiertag 1983 das Zentrum für Arbeitslose in Belfast eröffnet. Als das Zentrum einen Pub übernahm, um sich zu finanzieren, benannte man ihn nach dem Dichter. Die John Hewitt Bar in der Donegall Street hat nicht nur wechselnde Kunstausstellungen zu bieten, sondern auch eine kleine Bühne, auf der sich abends Musiker versammeln, manchmal spielt auch ein Dudelsackpfeifer.

Und dann ist da noch die *Titanic*. Sie ist 1911 in Belfast vom Stapel gelaufen. Zwei Generationen lang wollte man in Belfast nichts von dem Schiff wissen, weil die »Unsinkbare« eben doch nicht unsinkbar war. Dann kam James Camerons Filmschnulze mit Leonardo DiCaprio und Kate Winslet, und in Belfast horchte man auf: Wenn man mit einem Katastrophenfilm Geld verdienen konnte, warum dann nicht auch mit dem Originalschauplatz, an dem der Grundstein für die Katastrophe gelegt wurde?

Gesagt, getan: Das Titanic Quarter auf dem Gelände der Reederei Harland & Wolff wurde zum größten Bauprojekt

Europas, und es ist noch nicht vollendet: Auf fünfundsiebzig Hektar entstehen seit 2005 Wohnungen, ein College, Filmstudios, Banken, Hotels. Kernstück ist das hundert Millionen Pfund teure »Titanic Experience«, das zum hundertsten Jahrestag des Schiffsuntergangs 1912 eröffnet wurde.

Und wieder einmal zeigt sich, dass sich aus der Neugier aufs Morbide Kapital schlagen lässt. Deshalb tauchen wohl auch Expeditionen immer wieder zum Wrack der *Titanic* hinunter, dem Grab von mehr als tausendfünfhundert Menschen, und bringen von dort Souvenirs mit, die dann in Museen ausgestellt werden.

Natürlich wird auch alles, was an Land zu diesem Thema gefunden wird, zu Geld gemacht: Eine Speisekarte des letzten Mittagessens in der ersten Klasse auf der *Titanic* wurde 2012 für 76 000 Pfund vom Aktionshaus Henry Aldridge im englischen Wiltshire versteigert. Die US-Amerikanerin Ruth Dodge, die erster Klasse gereist war, hatte die Speisekarte in ihre Handtasche gesteckt. Es gelang ihr, die Handtasche mit ins Rettungsboot zu nehmen. Die Eintrittskarte zum Belfaster Hafen am Tag des Stapellaufs erzielte auf der Auktion stolze 35 000 Pfund. Was hätten erst die Original-Konstruktionspläne der *Titanic* eingebracht? Wir werden es nie erfahren, denn ein Angestellter von Harland & Wolff, der sie in den Sechzigerjahren in einem alten Schreibtisch fand, verbrannte sie auf Anweisung seines Chefs. Damals war den Belfastern das Schiff noch peinlich.

Das »Titanic Experience« enthält keine Artefakte, das »Erlebnis mit allen Sinnen« steht im Mittelpunkt. Im Restaurant, das im obersten Stockwerk untergebracht ist, gibt es eine Nachbildung der aus dem Film bekannten Treppe, auf der sich Hochzeitspaare gerne im DiCaprio-Winslet-Look fotografieren lassen. Die Nachbildungen der Kabinen der ersten, zweiten und dritten Klasse geben einen Einblick in die Verhältnisse an Bord. Die Klassenunterschiede sind immens: hier ein schmales Etagenbett und ein Krug mit Waschwasser, dort ein geräumiges Zimmer mit Plüschbett, Chaiselongue und separatem Badezimmer. Auch bei der Aufarbeitung des Unglücks werden diese Unterschiede deutlich: Das Schicksal der Passagiere der ersten Klasse ist sehr gut dokumentiert, während über die Leute aus der dritten Klasse kaum etwas zu erfahren ist.

Im »Titanic-Erlebnis« gibt es Touchscreens, Hologramme und Spezialeffekte. Man kann einen virtuellen Spaziergang durch den Maschinenraum, über Korridore und auf die Brücke machen. Man kann die Panik nach der Kollision mit dem Eisberg durch sinkende Temperatur, Wasserprojektionen auf dem Boden und SOS-Morsezeichen nachempfinden. Man kann durch einen Glasfußboden auf ein Foto des Wracks blicken oder in einer Schwebebahn durch ein Schiffswerftmodell fahren – mit ohrenbetäubendem Lärm, Hitze und Gestank nach Stahl und Kohle.

All das ist im Zeitalter des elektronischen Fortschritts aber nicht wirklich aufregend. Wer sich für die Geschichte des Schiffsgiganten interessiert, sollte vielleicht lieber deren echte Schauplätze aufsuchen: das Pumpenhaus, das Trockendock, die Helling, von der die Titanic zu Wasser gelassen wurde, und auch die SS Nomadic im Hamilton-Dock – das Zubringerschiff, das die Passagiere vom Hafen in Cherbourg zur Titanic brachte. Es ist eine Miniversion der Titanic, ähnlich luxuriös und trotz der kurzen Fahrt, für die es gebaut worden war, in drei Klassen unterteilt. Zuletzt diente das Schiff als Restaurant auf der Seine, bevor es zurück nach

Belfast gebracht, renoviert und zur Besichtigung freigege-
ben wurde.

Einen Hinweis auf die unrühmliche Seite der Geschichte
von Harland & Wolff sucht man im Rahmen der gesamten
Ausstellung indes vergeblich. Dabei war die Werft von Anfang an weit mehr als bloß ein Arbeitgeber: Für die Protestanten war sie das Symbol ihrer Vormachtstellung, für die
anderen das beste Beispiel für ein Staatengebilde, in dem
Katholiken zu Bürgern zweiter Klasse degradiert waren,
denn sie wurden aus der Werft gewaltsam vertrieben.

Inzwischen werden bei Harland & Wolff schon lange keine
Schiffe mehr gebaut, die Werft produziert heute Windturbi-
nen. Aber das Vermächtnis der *Titanic* scheint lukrativ. Man
kann im »Titanic-Erlebnis« *Titanic*-Kartoffelchips naschen,
sich mit *Titanic*-Whiskey betrinken oder *Titanic*-Marmelade
aufs Brot schmieren.

Man kann das aber auch lassen und sich stattdessen in der
Gegend rund um die katholische Falls Road und die protestantische Shankill Road im Westen Belfasts umschauen, um
einen Eindruck davon zu bekommen, was sich inzwischen
an den früheren Brennpunkten des Konflikts tut.

Menschen
im Goldfischglas

W ährend des Konflikts kamen vor allem die Polittou-
risten«, erzählt mir Harry Connolly. »Aber mit dem
Friedensprozess öffnen sich andere Märkte.« Connolly, ein
großer junger Mann mit kurzen Haaren und dünnem Voll-
bart, arbeitet als Koordinator für die Tourismusentwicklung
der Gegend um die Falls Road. »Der Staat steckt viel Geld in
die großen Projekte wie das Titanic Quarter«, sagt er. »Aber
langsam beginnt man, auch die lokalen Initiativen zu för-
dern.«

Viele der Initiativen haben es sich zum Ziel gesetzt, die
Touristen von ihren üblichen Routen fortzulocken und ihnen ein authentisches Belfast zu zeigen. Noch aber kommen
sie in ihren Bussen, schauen sich die Gegend aus dem Fenster an und verschwinden wieder. Die lokale Wirtschaft profi-
tiert nicht davon. Deshalb müsse man die Infrastruktur verbessern, sagt Connolly: »Es gibt hier im Viertel bisher keine
Übernachtungsmöglichkeiten. Demnächst sollen ein Hotel,
eine Jugendherberge und ein Versöhnungszentrum mit Un-
terkünften entstehen.«

Seine Organisation »Fáilte Feirste Thiar« arrangiert Fortbildungskurse für expansionsfreudige Kleinunternehmen im Tourismussektor. Die »Black Taxis« zum Beispiel: Diese Linientaxis sind in den katholischen und protestantischen Vierteln, in denen öffentliche Busse in der heißen Phase des Konflikts ihren Dienst eingestellt hatten, das alternative und billigere Verkehrsmittel. Viele bieten auch Touren zu den Schauplätzen des Konflikts an. Eine solche will ich mir nicht entgehen lassen.

Ich setze mich zu John ins Taxi, der mir als Erstes ein Rätsel aufgibt: Am Ende der Tour soll ich raten, ob er Protestant oder Katholik sei. Dann bringt er mich zur Bombay Street, die von protestantischen Gruppen während des Konflikts niedergebrannt wurde, zum Fischladen auf der Shankill Road, der von der IRA in die Luft gesprengt wurde, und zu den Wandmalereien auf beiden Seiten der hohen Mauer, die die Viertel Shankill und Falls voneinander trennt. Diese Gemälde sind die wichtigste Attraktion beider Viertel. Manche zeigen internationale Ereignisse, andere lokale Größen, und auf einer Wand in der Lower Shankill Road ist Martin Luther abgebildet, darunter der Satz auf Deutsch: »Hier stehe ich und kann nicht anders.« Auf der Giebelwand gegenüber zielt ein Maskierter mit dem Gewehr auf den Betrachter. Geht man weiter, so scheint die Gewehrmündung einem zu folgen. Das ist Belfasts Antwort auf Mona Lisa. Am Ende der Tour rate ich falsch: John ist Protestant. Ich hatte ihn für einen Katholiken gehalten, weil er mir unterwegs erzählt hatte, dass er während des IRA-Hungerstreiks 1981 auf der katholischen Falls Road herumgefahren sei.

»Die Wandgemälde und die Friedensmauern sind nur eine unserer Attraktionen«, sagt Roz Small. »Doch wir haben viel mehr zu bieten: die Leinenindustrie, die beiden Weltkriege, die Frühgeschichte. Am Ende der Shankill liegt eine der frühesten Ansiedlungen Belfasts mit Forts aus der Bronzezeit.« Die rundliche 37-Jährige arbeitet bei Shankill Partnership, dem protestantischen Äquivalent zu Harry Connollys Organisation. Gemeinsam haben die Gruppen einen Stadtplan der beiden Viertel erarbeitet, auf dem die Sehenswürdigkeiten verzeichnet sind. Je nachdem, wie man ihn faltet, steht entweder »Shankill« oder »Falls« auf dem Titel. Die Lebensbedingungen und die sozialen Probleme haben sich in den Vierteln schließlich nie sonderlich unterschieden, sagt Small. Aber nur ein einziges Mal haben die Menschen gemeinsam gekämpft. Das war im Oktober 1932, als die Arbeitslosigkeit dramatisch gestiegen war. Es kam es zu den sogenannten Hungerkrawallen.

Smalls recht chaotisches Büro liegt im Erdgeschoss des Spectrum Centre, eines 3600 Quadratmeter großen Mehrzweckgebäudes mit Konferenzräumen, einem Auditorium, einem Tonstudio, einem Restaurant und einem Animationsstudio. Es ist das Gesicht der neuen Shankill Road. Gegenüber findet man noch ein Relikt aus Zeiten, die man überwinden möchte: den »Ulster Souvenir Shop« mit Porträts der Queen und des alten Protestantenführers Edward Carson sowie dem verwitterten Spruch am Giebel »Eine Insel – zwei Nationen«.

Genau wie Connolly klagt Small vor allem über die fehlende Infrastruktur. Am dringlichsten seien die Hinweistafeln, damit die Touristen auf den Stadtrundfahrten, bei denen man jederzeit aus dem Bus aussteigen und in den nächsten wieder einsteigen kann, wissen, wo sie sind. Dann würden sie ihre Fahrt vielleicht auf der Shankill unterbrechen, hofft Small. »Sonst sitzen wir weiter in unserem Goldfischglas und werden durch die Scheibe von durchreisenden Besuchern bestaunt, denen bei den Gruselstorys aus Konfliktzeiten ein wohliger Schauer über den Rücken läuft.«

Whiskey
hinter Gittern

Belfast war früher nicht nur für Schiffbau und Leinenindustrie berühmt, sondern auch für Whiskey. Ende des
19. Jahrhunderts gab es in der nordirischen Hauptstadt achtzehn Brennereien. Diese Tradition soll zumindest teilweise
wieder aufleben, wenn es nach Peter Lavery geht.

Zu Beginn unseres Treffens wirkt er etwas mürrisch.
Doch als er dann von seinem großen Projekt erzählt, taut
Lavery auf. Der 52-Jährige hat den A-Flügel des ehemaligen
Gefängnisses in der Crumlin Road für neunundneunzig
Jahre gepachtet und will dort eine Whiskey-Brennerei mit
Besucherzentrum und Pub einrichten. »Den Namen für das
Wirtshaus haben wir bereits«, erzählt Lavery mir. Es wird
»The Clink« heißen – das Kittchen. Bisher hausen in dem Ge-
fängnisflügel aber lediglich fünf Tauben, die bei der Reno-
vierung des Daches eingeschlossen wurden und überall ihre
Spuren hinterlassen.

»Die meisten Zellen sollen bleiben«, erklärt Lavery mir,
während er mich durch seinen Trakt führt, »um den Gefäng-
nischarakter zu erhalten. Die Brennerei kommt ins Erdgeschoss. Dort werden wir eine Decke aus Glas einziehen, da-

mit die Besucher vom ersten Stock aus den Brennprozess beobachten können.« Das Licht im Gebäude ist schummerig, die Wände sind gelb gestrichen, die meisten der grünen Zellentüren stehen offen. Lavery lässt mich einen Blick in die kahlen Räume werfen. Sie sind 3,65 mal 2,13 Meter groß und mehr als drei Meter hoch. Es gibt auch einen Geist: Ein Gefangener, der sich in seiner Zelle erhängt hat, spukt dort noch immer herum. Nicht mal die Gefängnishunde hätten sich in die Zelle getraut, erzählt Lavery, sie wurde danach nur noch als Abstellraum genutzt.

Als das viktorianische Gefängnis 1846 eröffnet wurde, sollte jede Zelle nur einen Gefangenen beherbergen, doch nach Ausbruch des Konflikts mussten sich oft drei Insassen eine Zelle teilen. Crumlin Road Jail war ein Hochsicherheitsgefängnis, es galt als Nordirlands Alcatraz.

»Der A-Flügel ist mit zweiundsechzig Zellen auf jedem der drei Stockwerke der längste der vier Trakte«, erklärt Lavery mir und öffnet eine Tür am Ende des Flurs. Sie führt in den kreisförmigen Kontrollbereich, von dem die Flügel abzweigen. Hier ist alles renoviert, die Regierung hat den gegenüberliegenden Trakt für fünf Millionen Pfund zu einem Museum ausbauen lassen. Lavery will in seinen Flügel weitere fünf Millionen investieren. »Das Museum ist sehr gut besucht«, sagt er, »und davon werden wir profitieren. Ich rechne mit 150 000 Besuchern im Jahr, und wenn nur jeder Fünfte eine Flasche Whiskey kauft ...«

Bis die erste Flasche verkauft werden kann, müssen aber noch mindestens drei Jahre vergehen. »So lange muss der Whiskey laut Gesetz nämlich lagern«, sagt Lavery, »er darf auch bei guter Führung nicht vorzeitig raus.«

Die Regierung will das alte Gerichtsgebäude auf der anderen Seite der Crumlin Road in einen Veranstaltungsort umbauen. Es ist mit dem Gefängnis durch einen Tunnel verbunden, weil man befürchtete, dass die Mitglieder paramilitärischer Organisationen nach ihrer Verurteilung auf der kurzen Strecke über die Straße befreit werden könnten.

Eigentlich sei er ja Wodkatrinker, gesteht Lavery. »Aber ich dachte, Whiskey sei einfacher zu verkaufen. Doch so einfach ist es gar nicht.« Er erzählt mir von diversen bürokratischen Hürden, die es zu überwinden galt, von Architekten und Ingenieuren, die er zurate ziehen musste. Schließlich galt es noch, eine Baugenehmigung zu beantragen. Und das alles kostete ihn eine Viertelmillion Pfund.

Dabei sieht Lavery keineswegs wie ein gewiefter Geschäftsmann aus. Er ist ziemlich rundlich, mit seiner Schiebermütze und dem gestreiften Schal sowie einem breiten Belfaster Akzent wirkt er wie einer aus der Arbeiterklasse. Dort kommt er auch her. Er stammt aus Short Strand, einer kleinen katholischen Enklave im protestantischen Ost-Belfast, wo der politische Konflikt seine Spuren hinterlassen hat. »Ich bin mit fünfzehn ohne Abschluss von der Schule abgegangen«, sagt Lavery. Danach ging er bei einem Klempner in die Lehre, arbeitete einige Jahre in dem Beruf und wurde schließlich Busfahrer. Dann kam der »Glücksfall«, und für Lavery begann eine neue Zeitrechnung: Im Mai 1996 hat er im Lotto gewonnen – 10,2 Millionen Pfund. Die Zahlen wird er nie vergessen: 4, 12, 13, 33, 40 und 46. »Ich bin noch ein paar Tage zur Arbeit gegangen, weil ich die Kollegen nicht im Stich lassen wollte«, sagt er. »Dann habe ich Urlaub auf St. Lucia in der Karibik gemacht, um einen klaren Kopf zu bekommen. Und als ich nach Belfast zurückkam, lagen neuntausend Briefe hier – alles Bettelbriefe.«

Lavery verhielt sich zunächst so, wie viele Lottogewinner es tun: Er gab eine halbe Million Pfund für Autos aus, darunter zwei Jaguare, ein De Lorean, ein Mercedes und ein paar Jeeps. Er zog in eine bessere Gegend und kaufte sich ein zwei Millionen Pfund teures Haus im Tudorstil. Und er trank weiterhin sehr viel Bier, bis der Arzt ihm sagte, er müsse sich eine Aufgabe suchen, sonst käme er unter die Räder.

So gründete er die »Rita-und-Charles-Stiftung« in Gedenken an seine Eltern, sie unterstützt ein Kinderhospiz, die Schlaganfallforschung und andere wohltätige Einrichtungen. Dann investierte er in Immobilien und kaufte die Hudson Bar, eine Kneipe mit großem Biergarten im Zentrum Belfasts. Im obersten Stockwerk befindet sich ein »Speak Easy« im Stil der illegalen Kneipen in den USA während der Prohibition. Der Raum ist für Mitglieder des Whiskeyclubs vorgesehen, sie können ihre eigene Flasche in einem Gitterschrank aufbewahren, der mit einem Original-Vorhängeschloss aus dem Gefängnis gesichert ist.

2006 bot ihm schließlich ein gescheiterter Geschäftsmann die Whiskeymarke »Danny Boy« zum Kauf an. »Der Mann hatte sich den Namen für seinen Whiskey gesichert, nachdem er acht Stunden auf dem Flughafen von Hongkong festsaß, während einige gelangweilte Fluggäste *Danny Boy* sangen«, sagt Lavery. »Aber das Geld kam nicht so schnell herein, wie er erhofft hatte. So bot er mir die Marke zum Kauf an.« Das Lied, von einem Engländer vor hundert Jahren geschrieben, gilt in den USA als irischstes aller Lieder.

Lavery ließ »Danny Boy« bei Cooley's brennen, der damals einzigen unabhängigen Brennerei Irlands, die inzwischen zu Jim Beam gehört. »Früher wurde nirgendwo mehr Whiskey produziert als in Belfast«, sagt Lavery. Dunville's, zum Beispiel, verkaufte fast zwölf Millionen Liter im Jahr. Die Brennerei hatte sogar eine eigene Fußballmannschaft, den Distillery F. C., einer der ältesten Clubs Irlands. Nach der Unabhängigkeit des Südens der Insel im Jahr 1922 verbot die britische Regierung jeglichen Import von Whiskey aus ganz Irland, obwohl Nordirland beim Vereinigten Königreich geblieben war. Die Prohibition in den USA machte der Belfaster Whiskeyindustrie dann endgültig den Garaus. Dunville's war die letzte Brennerei, sie schloss 1936.

Mit »Danny Boy« und dem Ausbau vom »Kittchen« will Lavery den alten Traditionen neues Leben einhauchen. »In den USA haben wir den ›Danny Boy‹-Whiskey schon recht bekannt gemacht.« Als ihm zu Ohren kam, dass es einen New Yorker Pubbesitzer gab, der ein Verbot ausgesprochen hatte, *Danny Boy* jemals in seiner Kneipe, Foley's Pub gegenüber vom Empire State Building, zu singen, weil er das Lied abscheulich fand, flog Lavery in die USA. »Foley's hatte wegen des Verbots jede Menge Publicity erhalten«, sagt er. »Ich schlug vor, unseren Whiskey ausgerechnet dort auf den US-Markt zu bringen, und der Besitzer war einverstanden.« Ein geschickter Werbeschachzug, denn erneut gab es große öffentliche Aufmerksamkeit. Der Reklamespruch lautete: »Danny Boy ist bei Foley's wieder willkommen. Trinkt es, aber singt es nicht.«

Die nordirische Regierung unterstützt Laverys Projekt. »Die Hälfte von denen saß ja auch mal in Crumlin Road ein«, sagt er und zeigt mir die entsprechenden Zellen. »Hier saß der ehemalige Premierminister Peter Robinson, dort sein Stellvertreter Martin McGuinness, hier Ian Paisley, dort Gerry Adams und gleich gegenüber Irlands früherer Premierminister und langjähriger Präsident Éamon de Valera.«

Einer, der sich mit dem Gefängnis besonders gut auskennt, ist Billy McKee. Der ehemalige Chef der Irisch-Republikanischen Armee hat in den Vierziger-, Fünfziger-, Sechziger- und Siebzigerjahren immer mal wieder im Crumlin Road Jail eingesessen. Inzwischen ist er zweiundneunzig und ärgert sich, dass die IRA ihre Waffen niedergelegt hat. »Natürlich hat er nicht nur gute Erinnerungen an den Knast in der Crumlin Road«, sagt Lavery, »aber für mein Projekt hat er mir alles Gute gewünscht.«

Ein anderer Ex-IRA-Mann, der heutige Abgeordnete Gerry Kelly, ließ sich von Lavery seine alte Zelle zeigen und sagte, dass er schon damals im Crumlin-Road-Gefängnis Whiskey gebrannt habe – allerdings schwarz. »Wie das Zeug ausgesehen oder geschmeckt hat, weiß ich nicht«, sagt Lavery. »Aber sie brauchten ja etwas, um sich zu betrinken, denn hereinschmuggeln konnte man nichts.« Lavery hat vor, im »The Clink« an die Tradition des Schwarzbrennens im Gefängnis zu erinnern. Er plant deshalb, nebenbei auch Poitín zu produzieren – einen illegal aus Kartoffeln gebrannten, farblosen Schnaps.

Lavery wird seinen Poitín natürlich legal herstellen, und einen Namen hat er auch schon. »Den verraten wir aber erst, wenn es so weit ist«, sagt er. Doch er brennt wohl zu sehr für seine Ideen, um lange damit hinter dem Berg zu halten, denn schließlich platzt er doch mit dem neuen Namen heraus: »JHP – Jail House Poitín, early release.« Letzteres kann »Vorabveröffentlichung« bedeuten – oder auch »vorzeitige Haftentlassung«.

In der Gegend um das Crumlin-Road-Gefängnis im Norden Belfasts sind während des Konflikts mehr Menschen getötet worden als in irgendeinem anderen Teil Nordirlands.

Lavery will seinen Teil dazu beitragen, die alten Zeiten zu überwinden, und hat vor, im »The Clink« Angehörige beider Bevölkerungsgruppen einzustellen. »Das Gefängnis soll nicht mehr länger ein Symbol für Menschen ohne Zukunft sein«, sagt er, »sondern für Veränderung und Belfasts große Zukunft.«

»Wir kommen hier
nie mehr weg«

Nachdem meine Zeit als Assistenzlehrer in Belfast beendet war, gingen Áine und ich nach Berlin, weil ich mein Studium beenden wollte. Sieben Jahre später waren wir zurück in Irland, diesmal in Dublin, Áines Heimatstadt. Und auch unsere Rundreise soll uns nun, an der Ostküste entlang, zurück in die irische Hauptstadt führen.

Auf dem Weg machen wir halt in Castlemoyne, einer Siedlung im Norden Dublins. Hier gibt es an sich nicht viel zu besichtigen. Trotzdem – oder besser genau deshalb – sollte man sich nach Castlemoyne begeben, wenn man die Folgen des irischen Baubooms und der Wirtschaftskrise zu Anfang des Jahrtausends einmal mit eigenen Augen betrachten möchte.

Das Skelett, das an die Haustür genagelt ist, klappert leise im Wind. Daneben, auf dem Boden, steht ein ausgehöhlter Kürbis, der von innen mit einer Kerze beleuchtet wird. Es ist Halloween, doch auch ohne die makabre Dekoration wäre die Szene gespenstisch genug. Nirgendwo sind Menschen zu sehen, in den Einfahrten parken keine Autos, es ist still.

Das Haus mit dem Skelett ist das einzig bewohnte in dieser Straße, Castlemoyne ist eine Geistersiedlung.

»Wir waren eine der ersten Familien, die 2006 nach Castlemoyne gezogen sind«, erzählt mir Clodagh Moloney, nachdem sie mir geöffnet und mich hereingebeten hat. »Um uns herum wurde überall noch gebaut, aber das störte uns nicht, denn es würde ja bald wieder aufhören.« Es hörte schneller auf, als sie dachte. »Eines Tages waren die Bauarbeiter einfach verschwunden«, erzählt die junge Hausbesitzerin weiter. »Die Immobilienblase war geplatzt, die Baufirma ging pleite. Sie hat einfach alles halb fertig stehen lassen: Häuser, Fundamente, Bauschutt und offene Kanalisationsrohre. Es war gemeingefährlich.«

Castlemoyne wurde im Jahr 2008 zu einer von knapp dreitausend Geistersiedlungen in Irland, insgesamt stehen rund 300 000 Häuser und Wohnungen im Land leer. Ein Neubaukomplex gilt als Geistersiedlung, wenn mehr als die Hälfte der Häuser unbewohnt ist. Schuld an der Misere ist eine Allianz aus Politikern, Bankiers und Bauunternehmen, die während des wirtschaftlichen Booms glaubte, man könne die Immobilienspirale weiter und weiter drehen und dabei immer reicher werden. Die Lokalpolitiker widmeten Agrarland in Bauland um und kassierten dafür unter der Hand, die Banken rückten bereitwillig Kredite heraus, die oft den Wert der finanzierten Immobilie überstiegen, und die Unternehmen bauten steuervergünstigt mithilfe osteuropäischer Arbeitskräfte auf Teufel komm raus, ohne sich darum zu kümmern, ob es überhaupt noch eine Nachfrage nach Wohnraum gab. Das Bau- und Immobiliengewerbe machte in dieser Zeit bis zu vierzehn Prozent der irischen Wirtschaftsleistung aus, allein im Jahr 2006 wurden mehr als neunzig-tausend neue Häuser gebaut.

Die Leute witterten das schnelle Geld, und jeder, der schon einmal einen Hammer in der Hand gehabt hatte, wurde zum Bauunternehmer. Jetzt sind die meisten bank-rott, und manche sind sogar untergetaucht, obwohl ihnen die Häuser noch gehören. Die zwölf größten Bauunterneh-men hinterließen Schulden von mehr als 22 Milliarden Euro, ihre Immobilien hat Nama, die irische »Bad Bank«, aus der Konkursmasse übernommen.

»Wir waren damals so froh, endlich den Sprung auf die Im-mobilienleiter geschafft zu haben«, erinnert sich Moloney. Ihr Mann Kevin arbeitet im öffentlichen Dienst, ihre Kinder sind sieben, neun und zwölf Jahre alt. »Vorher hatten wir zur Miete gewohnt. Später, wenn die Kinder groß sind, wollten wir in ein kleineres Haus ziehen, die Hypothek tilgen und viel reisen. Aber wie es jetzt aussieht, kommen wir hier nie mehr weg. Wir haben fast 400 000 Euro für das Haus bezahlt. Heute bekämen wir nicht mal ein Drittel dafür, wenn sich überhaupt jemand dafür interessierte.« Ihr Pessimismus scheint angebracht: Wenn man in manchen Geistersiedlun-gen ein Haus kauft, bekommt man das Nachbarhaus gratis dazu.

Der Staat hat fünf Millionen Euro zur Verfügung gestellt, um die größten Sicherheitsrisiken in den Geistersiedlungen zu beseitigen. Wohnlich werden die Siedlungen von diesem Geld aber nicht. Moloney zeigt ans Ende der Straße, die mit einer grünen Plane abgesperrt ist. Dahinter stehen Bauruin-nen zwischen Brachflächen und Betonfundamenten. »Schön ist das nicht«, stellt der Vater fest, »aber wenigstens können die Kinder jetzt draußen Rad fahren.« Dafür lauern andere Gefahren, denn die privaten Sicherheitsfirmen, die während der Bauphase im Viertel nach dem Rechten sahen, wurden längst abgezogen, weil niemand sie mehr bezahlen konnte. »Nun kommen nachts dunkle Gestalten, die aus den leer stehenden Häusern alles abmontieren, was sich verkaufen lässt: Kupferrohre, Türen, Teppiche, Waschbecken, Badewannen, selbst Öltanks und Heizungsanlagen«, erzählt Kevin Moloney. »Was soll man dagegen machen? Ich schwanke zwischen Wut und Verzweiflung.«

Natürlich seien die Leute wütend, erklärt mir John Meehan, ein Mitarbeiter von Impact, der Gewerkschaft für den öffentlichen Dienst. »Die Regierung hat mit ihrer katastrophalen Generalgarantie die Banken gerettet. Um das Geld dafür aufzubringen, wurden den unteren Einkommensschichten die Steuern erhöht und den öffentlich Angestellten die Gehälter um bis zu zwanzig Prozent gekürzt. Viele müssen nun erleben, dass ihnen die Banken, die sie eben noch mit ihren Steuern gerettet haben, die Häuser wegnehmen, weil sie die Hypotheken nicht zahlen können.« 90 000 Haushalte sind mit ihren Zahlungen im Rückstand, das ist mehr als ein Zehntel aller Hypotheken. Meehan seufzt: »Und die Gewerkschaften haben sich mit ihrem sozialen Partnerschaftsvertrag, der den Aufschwung befördern sollte, selbst entmachtet.«

Ich möchte es noch etwas genauer wissen und besuche Paul Young, einen 30-jährigen Hausbesitzer in Belmayne, einer der größten Geistersiedlungen des Landes, nur einen Steinwurf von Castlemoyne entfernt. 1,2 Milliarden Euro hat dieses Projekt einmal gekostet, es liegt an der vornehmen Malahide Road, aber auch nur wenige Minuten vom Problem-viertel Darndale entfernt. Diese Tatsache tauchte in der Werbung für das vermeintliche Wohnparadies freilich nicht auf. Die Baufirma hatte langbeinige Models lasziv auf Sofas drapiert. »Wunderschönes Wohnen kommt nach Dublin«, stand auf den Plakaten, auf denen die sich rekelnden Models für Belmayne warben, und um die Nachfrage noch zu steigern, setzte man auf prominente Unterstützung: Aus England wurden der Ex-Profifußballer Jamie Redknapp und seine Frau, die Popsängerin Louise, eingeflogen, um die Häuser zu vermarkten und die Preise zu rechtfertigen.

»Ein Haus mit drei Schlafzimmern hat damals 460 000 Euro gekostet«, erzählt mir Young, der als Geschäftsführer eines Supermarktes in der Innenstadt arbeitet. »Heute wird es für die Hälfte angeboten, aber kaufen will dennoch niemand.« Auch die Baufirma LM Developments, die für das Viertel verantwortlich zeichnete, ist pleitegegangen. In Belmayne stoppten die Bauarbeiten 2008. Zwei Jahre zuvor waren die ersten Häuser bezugsfertig gewesen, Young zog mit seiner Frau und seinem damals dreijährigen Sohn 2007 ein. Genau wie die Moloneys bereitet sich Familie Young auf einen Lebensabend in der Geistersiedlung vor. Paul Young fasst es so zusammen: »Wenn wir nicht im Lotto gewinnen, werden wir bis an unser Lebensende hier wohnen müssen. Tausend Iren wandern jede Woche aus, die Immigranten aus Osteuropa kehren scharenweise in ihre Heimat zurück. Wer soll die Häuser kaufen? Es wäre billiger, sie abzureißen, als sie für die nächsten zwanzig Jahre instand zu halten.«

Bei einem Spaziergang durchs Viertel wird schnell klar, dass Young keineswegs übertreibt. Von den 2650 Häusern in Belmayne sind nicht mal zwei Fünftel bewohnt. An einer Ecke steht ein Straßenschild, das auf die Main Street hinweist. Die vierspurige Straße ist durch einen Mittelstreifen getrennt und zeugt von den großen Visionen, die die Baufirma einst für das Viertel hatte. Doch nun endet eine Hälfte der Straße nach hundert Metern an einem Bauzaun, dahinter liegt Brachland. Die Fenster des gegenüberliegenden Hauses, das wohl als Ladenfläche geplant worden war, sind mit riesigen Bildern beklebt: eine Plaza mit Grünflächen und Bäumen, Straßencafés und jede Menge Menschen, die im Sonnenschein über den Platz flanieren. So also sollte es hier aussehen. Bis auf den sporadischen Sonnenschein ist nichts davon eingetreten.

Auch in den ländlichen Gegenden Irlands sind die Probleme mit den neuen Geistersiedlungen gewachsen. Es ist eine Ironie der Geschichte, dass dort neben den modernen Bauruinen auch Geisterdörfer aus dem 19. Jahrhundert stehen: Ansammlungen kleiner Cottages, deren Bewohner vor der Hungersnot nach England, Australien oder Amerika geflohen sind.

Die Regierung hat beschlossen, den Bewohnern der neuen Geistersiedlungen zu helfen. In einer großzügigen Geste wurde den inzwischen oft unfreiwilligen Hauseigentümern die Immobiliensteuer erlassen. Mein Gastgeber Paul Young kann darüber nicht lachen. »Als ob die paar Euro unsere Situation auf irgendeine Weise verbessern würden.«

Dublins Antwort auf
Père Lachaise

Als ich in den Achtzigerjahren mit meiner Frau von Berlin nach Dublin zog, war diese Form von Geistersiedlungen in der Hauptstadt noch unbekannt, doch in gewisser Weise hätte auch unser damaliger Wohnort die Bezeichnung verdient: Wir fanden ein kleines Reihenhaus am Nordrand der Stadt, gleich gegenüber dem Friedhof von Glasnevin.

Es ist ein besonderer Friedhof, über die Jahre haben wir ihn bei zahlreichen Spaziergängen erkundet und an den Gräbern namhafter Iren und im friedhofseigenen Museum einiges über die irische Geschichte gelernt.

Prospect Cemetery, so der offizielle Name des Friedhofs, ist Dublins Antwort auf Père Lachaise in Paris. Mehr als 1,2 Millionen Menschen liegen hier begraben, die Reichen und die Mächtigen, die Berühmten und die Berüchtigten, die Armen und die Unbekannten. »Müssen ja so zwanzig bis dreißig Beerdigungen sein jeden Tag«, staunte Leopold Bloom im *Ulysses* von James Joyce. »Und dann noch der Mount Jerome für die Protestanten.«

Der Friedhof von Glasnevin wurde 1832 eingeweiht. Damals umfasste er dreieinhalb Hektar, heute sind es mehr als fünfzig. Daniel O'Connell, ein katholischer Anwalt, der um die Gleichberechtigung der Katholiken kämpfte, hatte die Eröffnung des Friedhofs durchgesetzt. Damals wurde Katholiken nämlich nicht nur das Wahlrecht vorenthalten, sondern ihnen durfte auch kein ordentliches Begräbnis zuteilwerden. Der Glasnevin-Friedhof ist jedoch nicht nur für Katholiken gedacht, sondern er stand von Anfang an allen Konfessionen und Nationalitäten zur Verfügung.

O'Connells Grabmonument, die Nachbildung eines historischen Rundturms, ist das Wahrzeichen des Friedhofs. Der »Befreier«, wie er genannt wird, lehnte Gewaltanwendung zur Durchsetzung seiner Ziele ab.

Ganz anders Roger Casement und Éamon de Valera, die am Osteraufstand 1916 gegen die britische Besatzungsmacht teilgenommen hatten. Sie liegen ganz in der Nähe des O'Connell-Monuments begraben. Casement versuchte während des Ersten Weltkriegs, Waffen vom Deutschen Kaiserreich nach Irland zu schmuggeln, wurde aber gefasst und hingerichtet. De Valera entging der Hinrichtung nur, weil er in den USA geboren war.

Vier Jahre später griff er erneut zu den Waffen. Der Unabhängigkeitskrieg gegen die englischen Besatzer endete 1922 mit der Gründung des Freistaats Irland und der Teilung der Insel. De Valera, der die IRA im Unabhängigkeitskrieg kommandiert hatte, war damit nicht zufrieden. Er lehnte den Teilungsvertrag ab und kämpfte mit seinen Anhängern nun gegen die Regierung des irischen Freistaats, der auch Michael Collins angehörte. Im Unabhängigkeitskrieg hatten beide noch auf derselben Seite gestanden. Collins hatte mit seiner Guerilla-Taktik die britischen Truppen an den Rand der Niederlage gebracht. Er beschaffte Waffen, identifizierte britische Agenten und ließ sie von seinen IRA-Einheiten erschießen.

De Valera hatte Collins als Chefunterhändler nach London geschickt. Als er mit dem Teilungsvertrag zurückkam, ahnte Collins jedoch, dass er sein eigenes Todesurteil unterschrieben hatte. Zwar ratifizierte das Dubliner Parlament den Vertrag, doch es kam zum Bürgerkrieg. Nicht nur Collins' und de Valeras gemeinsamer Weg endete an dieser Stelle – ganze Städte, Dörfer und Familien waren tief gespalten, manche sind es bis heute noch. Als Collins nach Cork fuhr, um mit de Valera über einen Waffenstillstand zu verhandeln, wurde er in der Nähe seines Geburtshauses ermordet. Wenige Jahre später akzeptierte de Valera den Vertrag schließlich, gründete seine eigene Partei Fianna Fáil, die »Soldaten des Schicksals«, und wurde langjähriger Regierungschef und Staatspräsident.

Die Geschichte von Collins und de Valera ist in dem Hollywood-Film *Michael Collins* mit Liam Neeson und Julia Roberts verewigt. Collins' Grab liegt an der Mauer gleich neben der Hauptstraße. Um das Grab herum sind Betonplatten in den Boden eingelassen. Am Kopfende steht ein drei Meter hohes Steinkreuz mit gälischer Inschrift. Das Grab ist mit Kieselsteinen bedeckt, meist liegen frische Blumen darauf – Gänseblümchen, rote und weiße Nelken, eine Rose. Manchmal, so erzählte mir einer der Friedhofsangestellten, kommen US-amerikanische Touristen und fragen nach dem Grab von Julia Roberts. Kitty Kiernan, die Verlobte von Collins, im Film von Julia Roberts dargestellt, ist ganz in der Nähe beerdigt.

Dieser ältere Teil des Friedhofs ist gesichert wie ein Fort:

Eine vier Meter hohe Mauer mit Wachtürmen sollte den Friedhof vor Grabräubern schützen. Frische Leichen brachten Anfang des 19. Jahrhunderts eine Menge Geld ein, denn Mediziner benötigten für ihre anatomischen Untersuchungen ständig Nachschub.

Manchmal mischten sich die Leichenräuber deshalb dreist unter die Trauergäste und ließen eine Flasche Whiskey kreisen, in die sie ein Betäubungsmittel gegeben hatten. Wenn die Gemeinde dann bewusstlos zu Boden sank, machten sie sich mit dem Toten davon. Um an den Wachtposten vorbeizukommen, hakten sie die Leiche unter und taten so, als sei sie ein Betrunkener. Manchmal kam es sogar zu Schießereien auf dem Friedhof.

Später wechselten einige der Grabräuber die Profession: Statt Leichname zu stehlen, brachten sie einfach selbst Leute um und verkauften deren Körper. Das machte deutlich weniger Mühe. Erst als die Regierung ein Gesetz verabschiedete, welches es Medizinstudenten und Professoren gestattete, gespendete Leichen zu sezieren, fanden Morde und Grabräuberei im Dienste der Wissenschaft ein Ende, und so mancher, der zum Tode verurteilt wurde, verkaufte seinen Körper freiwillig an die Medizin, um vor der Hinrichtung ein letztes Trinkgelage finanzieren zu können.

Zu viele Gelage haben den Schriftsteller Brendan Behan 1964 ins Grab gebracht. Es findet sich am Südende des Friedhofs, wo früher die Armen begraben wurden. An diesem Ende, gleich neben Kavanaghs Kneipe, die im Volksmund »Gravedigger's« heißt, lag damals der Haupteingang. Weil der Eigentümer der Zufahrtsstraße jedoch Gebühren erhob, baute man eine Parallelstraße und verlegte den Eingang. Diese neue Straße teilt den Friedhof in zwei Teile. Der jüngere Teil mit einem Denkmal für IRA-Mitglieder liegt hinter der Wohnsiedlung, zu der unser Reihenhaus gehört. Die Siedlung selbst steht auf »Sluts' End«, dem »Schlampenacker«, wo die Prostituierten begraben wurden. Der neue Friedhofsteil sieht ordentlich aus, die Gräber sind in Reih und Glied angelegt, während die Toten im alten Teil, so scheint es, willkürlich begraben wurden. Die keltischen Kreuze sind längst von Efeu umrankt, die griechischen Säulen moosbewachsen, viele Grabplatten sind zerbrochen.

Auf dem Friedhof wird die Geschichte lebendig, verheißt das Informationsblatt des Prospect Cemetry. Die Toten werden es nicht mehr, doch wenigstens sind sie Lebensspender, so stellte James Joyce in seinem *Ulysses* fest: »Der Botanische Garten ist gleich da drüben. Es ist das Blut, das in die Erde sickert, das gibt neues Leben.«

Der Kopf
des Großadmirals

Noch älter als der Friedhof von Glasnevin war die Nelson-Säule, aber es gibt sie nicht mehr. Bis zum 8. März 1966 stand sie in der Mitte der Dubliner Hauptstraße O'Connell Street. Die Säule, eins der Wahrzeichen der irischen Hauptstadt, ragte vierzig Meter hoch und war damit rund zehn Meter kleiner als ihr Londoner Pendant am Trafalgar Square, aber dafür schon vierunddreißig Jahre früher fertig. Sie war in den Jahren 1808 bis 1809 errichtet worden, um den britischen Admiral Horatio Nelson zu ehren, der 1805 in der Schlacht bei Trafalgar die napoleonische Flotte besiegt hatte, aber dabei ums Leben gekommen war. Damals gehörte Irland noch zum Vereinigten Königreich.

Finanziert wurde die Statue durch Spenden. Der Stiftung, die das Geld einsammelte, gehörte der Brauereigründer Arthur Guinness an. Von 1809 an konnte man die 168 Stufen im Inneren der Säule gegen einen Eintritt von zehn Pence hinaufklettern und hatte einen guten Überblick über die Stadt. Kein Besucher Dublins in den folgenden 157 Jahren ließ sich das entgehen. Und doch war die Säule von Anfang an umstritten, weil sie ein Verkehrshindernis war. Über die Jahrzehnte gab es mehrere Anläufe, sie an einen anderen Standort zu verlegen, doch es fand sich niemand, der die Kosten übernehmen konnte. Nach der irischen Unabhängigkeit 1922 wollte man die Statue noch dringlicher loswerden, diesmal aus politischen Gründen, doch auch das klappte nicht, denn die Stiftung, die noch immer Eigentümerin der Statue war, verweigerte ihre Zustimmung zum Abriss. Daraufhin schlossen sich im Oktober 1955 neun Studenten in die Säule ein und versuchten, die Statue mit Flammenwerfern einzuschmelzen, was die Polizei jedoch verhindern konnte.

1966 war es dann so weit. Zum fünfzigsten Jahrestag des Dubliner Osteraufstands jagte eine Gruppe ehemaliger IRA-Mitglieder die obere Hälfte der Säule in die Luft, sodass die Statue auf die Straße purzelte. Einer der Täter, Liam Sutcliffe, rechtfertigte sich mir gegenüber viele Jahre später damit, dass man die Mischung aus Plastiksprengstoff und Ammoniak genau berechnet habe, um Personenschäden zu vermeiden. Außerdem habe der Anschlag ja nachts stattgefunden, als kaum jemand unterwegs war.

Meine Schwägerin, damals noch ein Teenager, kam kurz nach der Explosion jedoch auf dem Nachhauseweg von einer Tanzveranstaltung an den Überresten der Säule vorbei. Sie sammelte ein paar Brocken der Statue auf und hütet diese Zeugen der irischen Historie seitdem in einem Schuhkarton. Der Rest der Säule wurde sechs Tage später von der Armee gesprengt, was mehr Schäden an den umliegenden Gebäuden anrichtete, als der Anschlag selbst es getan hatte.

Nelsons Kopf wurde am St. Patrick's Day desselben Jahres von Studenten aus einem Lagerhaus gestohlen. Sie vermieteten ihn für zweihundert Pfund im Monat an einen Londoner Antiquitätenhändler für sein Schaufenster. Sechs Monate später überreichten sie ihn Lady Nelson, einer Nachfahrin des Admirals. Heute ist der Kopf im Dubliner Civic Museum ausgestellt.

Der Umgang der Dubliner mit dem Schicksal ihres Wahrzeichens war von einigem Humor geprägt. Bereits wenige Tage nach dem Anschlag auf die Säule brachte die Belfaster Band The Go Lucky Four das Lied *Up Went Nelson* heraus, das es bis an die Spitze der irischen Charts schaffte. Die Dubliners nahmen im selben Jahr den Song *Nelson's Farewell* auf.

Die Sprengung der Säule spielte auch eine bedeutende Rolle in einem Roman des Dubliner Satirikers Flann O'Brien, von manchen auch »the drinking man's Joyce« genannt. Letzterer stand jahrzehntelang auf dem Index in Dublin, doch inzwischen hat man sein touristisches Potenzial erkannt. Der »Bloom's Day« am 16. Juni, an dem sein Jahrhundertroman *Ulysses* spielt, wird mit einem Festival gefeiert, und zu seinen Ehren errichteten die Stadtväter dort, wo die Nelson-Säule stand, einen Brunnen: »Anna Livia«. Der Brunnen war jedoch fast noch weniger als das berühmte Vorgängermonument geeignet, die Zuneigung der Dubliner zu gewinnen. Sie gaben dem Brunnen den Namen »Bidet Mulligan« – in Anlehnung an das alte irische Volkslied *Biddy Mulligan*. Ein weniger freundlicher Spitzname war »The Floozy in the Jacuzzi« – das »Flittchen im Sprudelbad«. Die Hauptstädter nutzten den Brunnen auf unterschiedliche Art: Sie badeten ihre vom Einkaufsstress geplagten Füße in der grauen Brühe oder entsorgten ihren Müll darin. Schon am Tag nach der Enthüllung schwammen Coladosen, Plastikbecher und Zigarettenstummel im Wasser. Sogar ein Fisch war zu sehen, allerdings ein frittierter aus einem Fast-Food-Laden. Drei Tage später war das Wasserbecken trockengelegt.

Vermutlich hatte der Müll die Leitung verstopft. Irgendwann reichte es der Stadtverwaltung, und sie baute den Brunnen wieder ab.

Nun sollen sich die Dubliner mit einem dritten Monument an dieser Stelle anfreunden: mit dem »Millennium Spire«, einer 121 Meter hohen Stahlnadel. Ursprünglich sollte sie die Jahrtausendwende einläuten und »die irische Nation im 21. Jahrhundert« repräsentieren, doch sie war erst 2002 fertig. Es sei »ein reines Symbol des Glaubens an die Zukunft«, fand der Londoner Architekt Ian Ritchie, der das Kunstwerk entworfen hat. Zyniker meinen, die Nadel symbolisiere eher Dublins Heroinproblem.

Die zweijährige Verspätung ist ebenfalls symbolträchtig, gilt die feste Verabredung doch als eine der größten irischen Lügen. Wie groß war das Gelächter, als die Dubliner Busgesellschaft Fahrpläne an alle Haltestellen hängte. Sie hätten beinahe den ersten Platz bei einem Science-Fiction-Wettbewerb gewonnen.

Offiziell heißt die Nadel »Monument des Lichts«. Sie ist siebenmal höher als das benachbarte Hauptpostamt, wo die Vorläufer der IRA 1916 den Osteraufstand anzettelten. Am Sockel hat sie drei Meter Durchmesser, an der Spitze nur noch zwanzig Zentimeter. Bei Wind schwingt sie zweieinhalb Meter hin und her. So weit schwanken nicht mal die Trinker, wenn sie aus dem Gravedigger's, der Kneipe am Friedhof von Glasnevin, nach Hause wanken.

Der Herzog
in Gummistiefeln

Ich hätte den Fünfmeilenstein nicht entdeckt und seine Geschichte nie erfahren, hätte mir nicht ein Bekannter davon erzählt. Der Stein steht in Cornelscourt, einem Vorort im Süden Dublins, unter einer Mauererhöhung auf der alten Straße nach Bray. Er markiert die Entfernung zum Hauptpostamt in der O'Connell Street: Eine alte irische Meile, die bis ins 19. Jahrhundert in Gebrauch war, maß knapp zweieinviertel Kilometer, bis zur Hauptpost waren es von dieser Stelle aus also gut elf Kilometer.

Der Meilenstein wurde am 18. September 1789 zum Ausgangspunkt einer Wette zwischen zwei jungen Iren. Einer war Leutnant bei den Dragonern, der andere Abgeordneter. Buck Whaley, ein Spieler, der wegen einer anderen Wette schon bis nach Jerusalem gereist war und 15000 Pfund gewonnen hatte, war bereits im Alter von achtzehn Jahren ins Dubliner Parlament gewählt worden. Bei der Wette mit dem Leutnant ging es um hundertundsechzig Pfund. Der Leutnant hatte behauptet, er könne die knapp zehn Kilometer vom Fünfmeilenstein bis zur Kreuzung Leeson Street und Adelaide Road in weniger als einer Stunde laufen.

Er brauchte fünfundfünfzig Minuten, und Whaley musste zahlen.

Der damals 20-jährige Dragoner-Leutnant mit den flinken Beinen hieß Arthur Wesley. 1798 änderte er seinen Nachnamen in Wellesley. Berühmt aber wurde er später als Duke of Wellington, der – gemeinsam mit Preußens Generalfeldmarschall Blücher – Napoleon bei Waterloo besiegte.

Wellington war 1769 in Dublin in eine wohlhabende protestantische Familie hineingeboren worden, und zwar in der Merrion Street Nummer 6, wie seine Mutter später einem Biografen Wellingtons mitteilte. Historiker behaupten hingegen, es sei die Merrion Street Nummer 24 gewesen, wo heute das Merrion Hotel steht, doch die Mutter müsste es eigentlich besser gewusst haben. Da aber zumindest über die Straße, in der die Geburt sich ereignet hatte, Einigkeit herrschte, wollte man Wellington auf dem Merrion Square ein Denkmal setzen. Aber die Anwohner verhinderten das. Schließlich hatte sich Wellington abfällig über seinen Geburtsort geäußert, mit den Worten: »Wenn ein Mann in einem Stall geboren wird, macht ihn das noch nicht zu einem Pferd.«

Sein Denkmal in Dublin bekam er trotzdem, es steht im Phoenix Park, dem größten Stadtpark Europas, in dem auch die Residenzen des irischen Präsidenten und des US-Botschafters gelegen sind. Der Obelisk ist zweiundsechzig Meter hoch und damit der höchste in Europa. Gebaut wurde er 1817 vom britischen Architekten Robert Smirke, der in London das British Museum, das Covent Garden Theatre, das Royal College of Physicians sowie zahlreiche Kirchen und Herrenhäuser entworfen hat.

In den Sockel des Obelisken sind vier Bronzeplatten eingelassen, die nach Napoleons Niederlage bei Waterloo aus seinen eingeschmolzenen Kanonen gefertigt wurden. Auf einer Platte steht ein Vierzeiler, der Wellingtons Taten lobpreist. Die anderen drei Platten weisen auf wichtige Stationen in seinem Leben hin: Waterloo, die indischen Kriege sowie bürgerliche und religiöse Freiheiten für Katholiken, die er 1829 als britischer Premierminister gegen erheblichen Widerstand im Londoner Unterhaus durchsetzte, was ihm sogar ein Duell mit einem seiner Kritiker einbrachte. Dabei kam allerdings niemand zu Schaden, weil Wellington danebenschoss und sein Kontrahent gar nicht erst zur Waffe griff.

Dass sich Wellington als Protestant für katholische Rechte starkmachte, führen Historiker auf seine frühen Jahre in Trim zurück, einer Kleinstadt nordwestlich von Dublin in der Grafschaft Meath, wo er mit katholischen Kindern aufwuchs. In Trim steht die größte Normannenburg Irlands, sie diente als Kulisse für den Film *Braveheart*. Auch dort hat man Wellington ein Denkmal gesetzt: eine hohe Säule mit seiner Statue, die 1817, zwei Jahre nach seinem Sieg bei Waterloo, fertiggestellt wurde. Mein Bekannter, von dem ich auch die Geschichte über den Fünfmeilenstein erfuhr, erzählte mir, dass die Statue damals ein Schwert in der hochgereckten Hand hielt, aber das habe ihm jemand während des Unabhängigkeitskriegs 1920 weggeschossen.

Wellington ging nach seiner militärischen Laufbahn für die Tory-Partei in die Politik, von 1828 bis 1830 und für einen knappen Monat im Jahr 1834 war er Premierminister. Weniger bekannt ist, dass er sich bereits vor seiner Armeekarriere in der Politik betätigt hatte. Nach seiner Ausbildung in Eton, Brüssel und Frankreich wurde er als Abgeordneter für

Trim ins Dubliner Parlament gewählt. Das sagt jedoch wenig über seine Beliebtheit bei der Bevölkerung aus, denn es war nur eine Handvoll protestantischer Landbesitzer wahlberechtigt.

Wellingtons Obelisk in Dublin ist eigentlich kein Denkmal, sondern – wie auch die Statue in Trim – ein Testimonial, denn als der Bau 1817 begonnen wurde, lebte der Duke noch. Drei Jahre später musste man die Arbeiten jedoch vorübergehend einstellen, weil es an Geld fehlte. Der Legende nach soll 1820 im Gewölbe unter dem Obelisken ein opulentes Dinner ausgerichtet worden sein, um Mittel für den Bau aufzutreiben, was offenbar aber misslang. Es heißt, nach dem Mahl hätten die Gäste Tische und Stühle zurückgelassen und das Gewölbe zugemauert. Erst Wochen später stellte man fest, dass seit dem Dinner ein Butler verschwunden war. Man nahm an, dass er zu viel Wein getrunken hatte, hinter einem Wandschirm eingeschlafen und lebendig eingemauert worden war.

Als der Obelisk schließlich am 18. Juni 1861 öffentlich eingeweiht wurde, war Wellington – genau wie der Butler in seinem Kellerverlies – schon lange tot. Die ursprünglich geplante Reiterstatue, die die Säule flankieren sollte, kam aus Geldmangel nie zustande.

Obwohl Wellington, wie Nelson, ein Symbol für das britische Weltreich war, hat sein Obelisk überlebt – im Gegensatz zur Nelson-Säule in Dublin. Vielleicht ist das Monument einfach zu langweilig, als dass man sich die Mühe gemacht hätte, es zu sprengen.

Ein Sprecher im Dubliner Parlament bezeichnete den Obelisken 1860 als »gigantischen Meilenstein, der unter Missachtung sämtlicher Regeln für Kunst und guten Geschmack« errichtet worden sei. Doch worauf er als Meilenstein hinweisen könnte, ist ungewiss, und so muss man ihm selbst diese Funktion absprechen. Man kann auch nicht auf ihn hinaufklettern, um den Liffey hinunter bis zum Hafen zu schauen. Und selbst für eine Ansichtskarte taugt er nicht so recht, da gibt es bessere Motive. In all diesen Punkten diente er vielleicht als Vorbild für Dublins neuestes Wahrzeichen, die Millennium Spire auf der O'Connell Street, die ebenso nutzlos ist.

Angeblich soll die IRA in den Siebzigerjahren des 20. Jahrhunderts versucht haben, eine Bombe in den Eisenbahntunnel unter dem Obelisken zu legen, wurde dabei, glaubt man der Erzählung, aber gestört. Der Tunnel wurde 1877 fertiggestellt, er verbindet die beiden Dubliner Bahnhöfe Heuston und Connolly. Heute wird er nur noch für den Gütertransport benutzt, lediglich bei den Endspielen um die Meisterschaften in den traditionellen irischen Sportarten Gaelic Football und Hurling werden die Fans der Finalisten von der Heuston Station durch den Tunnel zur Connolly Station gebracht, denn das Stadion Croke Park liegt ganz in der Nähe.

Einmal sind sich Wellington und Nelson übrigens begegnet. Generalmajor Wellesley, wie er damals hieß, hatte auf seiner Rückreise aus Indien im März 1805 auf der Insel St. Helena haltgemacht und übernachtete im selben Gebäude, in dem Napoleon später wohnte, nachdem man ihn ins Exil geschickt hatte. Zurück in London, ging Wellesley ins Kriegsministerium, um sich einen neuen Auftrag geben zu lassen. Im Wartezimmer traf er Nelson, der nach seinen Siegen am Nil und in Kopenhagen bereits berühmt war. Er sprach Wellesley an, der sich dreißig Jahre später erinnerte,

er sei zunächst von Nelsons »eitlem und albernem Stil über-
rascht, ja angewidert« gewesen.

Nelson verschwand kurz, holte bei jemandem ein paar
Auskünfte über Wellesley ein und kehrte ins Wartezimmer
zurück, um das Gespräch fortzusetzen – diesmal auf Augen-
höhe. Es ging um die Kolonien und die geopolitische Situation, und Wellesley korrigierte seinen ersten Eindruck von
dem berühmten Zeitgenossen, wie man seiner späteren Äu-
ßerung entnehmen kann: »Ich glaube nicht, dass ich jemals ein Gespräch geführt habe, das mich mehr interessiert
hätte.« Sieben Wochen später fiel Nelson in der Schlacht bei
Trafalgar.

Wellington war ein weitaus vorsichtigerer Feldherr. Er zog
seine Armee lieber zurück, als das Leben seiner Soldaten un-
nötig aufs Spiel zu setzen. Deshalb starb er nicht auf dem
Schlachtfeld, sondern 1852 im Alter von dreiundachtzig Jahren an einem Schlaganfall in seinem Schloss in Kent. Er ist
in der Londoner St. Paul's Cathedral neben Nelson beerdigt.

In England gibt es dreiundfünfzig Wirtshäuser namens
»Duke of Wellington« und siebenunddreißig weitere, die
einfach »Wellington« heißen. Auch der älteste Pub in Mel-
bourne heißt »The Duke of Wellington«. Beef Wellington,
also Rinderfilet mit Gänseleberpastete im Teigmantel, ist
hingegen nicht nach dem Duke benannt, sondern wohl nach
Neuseelands Hauptstadt Wellington, wo die Mahlzeit erstmals bei einem Staatsempfang serviert wurde. Doch da die
Stadt 1840 aus Dankbarkeit für seine Unterstützung bei der
Kolonisation nach dem Kriegsherrn benannt worden ist,
trifft das auf Umwegen auch auf das Rindfleischgericht zu.

Napoleon hat man zum zweihundertsten Jahrestag der
Schlacht bei Waterloo eine limitierte Uhr für achttausend

Euro gewidmet. Die Armbanduhr des Schweizer Uhrmachers DeWitt ist so teuer, weil im Deckel eins von Napoleons Haaren klebt, gerade mal einen halben Millimeter lang. DeWitt ist ein Nachfahre des jüngsten Napoleon-Bruders Jérôme, was erklärt, wie er in den Besitz der Haare kam. Dass seine Vorfahren ahnten, welchen Wert sie eines Tages besitzen würden, spricht für den Personenkult, der schon zu Lebzeiten um den Feldherrn betrieben wurde.

Mit einer Uhr kann Wellington nicht aufwarten. Aber nach ihm sind immerhin Gummistiefel benannt. Wellington hatte seinen Schuhmacher Hoby in der Londoner St. James's Street angewiesen, wasserfeste Reitstiefel für seine Soldaten zu fertigen. Um ihnen die neuen Stiefel schmackhaft zu machen, trug Wellington sie bei jeder Gelegenheit selbst. Seitdem heißen Gummistiefel im Englischen »Wellingtons«.

Und mal ehrlich: Gummistiefel sind in Anbetracht des irischen Klimas doch weitaus nützlicher als eine Uhr mit dem Haar eines Verlierers. Bei meiner ersten Reise auf die Insel, 1974, halfen mir jedoch selbst meine Gummistiefel nicht gegen das berüchtigte irische Wetter. Nach einem heftigen Schauer stand das Wasser in meinem betagten Zelt fünf Zentimeter hoch, und ich musste die Nacht im Auto verbringen. Hätte ich mich davon abschrecken lassen und im darauffolgenden Jahr in einer trockeneren Gegend Urlaub gemacht, wäre mein Leben anders verlaufen.

232 Seiten, geb., € 18,– [D]
ISBN 978-3-86648-217-3

208 Seiten, geb., € 18,– [D]
ISBN 978-3-86648-213-5

168 Seiten, geb., € 18,– [D]
ISBN 978-3-86648-238-8

192 Seiten, geb., € 18,– [D]
ISBN 978-3-86648-174-9

www.mare.de/meineinsel

ine Insel **von Mal zu Mal ein Coup.«**

160 Seiten, geb., € 18,– [D]
ISBN 978-3-86648-148-0

192 Seiten, geb., € 18,– [D]
ISBN 978-3-86648-126-8

256 Seiten, geb., € 18,– [D]
ISBN 978-3-86648-175-6

192 Seiten, geb., € 18,– [D]
ISBN 978-3-86648-134-3

www.mare.de/meineinsel